Flooded: A Brain-Based Guide to Help Children Regulate Emotions
© 2021 Allison Edwards.
Original English language edition published by National Center For Youth Issues 6101 Preservation Drive, Chattanooga Tennessee 37416, USA. Arranged via Licensor's Agent: DropCap Inc. All rights reserved.

이 책의 한국어판 저작권은 National Center for Youth Issues와
독점 계약한 갈락시아스에 있습니다.
저작권법에 의하여 한국 내에서 보호받는 저작물이므로 무단전재와 무단 복제를 금합니다.

감정폭발

한꺼번에 터지는 우리 아이 감정 이해하기

앨리슨 에드워즈 지음
최은하 옮김

갈릭시이스

목차

서론   6

1장   뇌는 감정을 어떻게 처리할까?   14
     두려움 반응   16
     잠재적인 위험에 대한 우리 몸의 반응   21
     감정 폭발의 이해   23
     감정 폭발, 이렇게 나타납니다   24
     감정이 폭발한 아이들은 이런 말을 합니다   25
     감정이 폭발한 아이들의 행동   27
     감정이 폭발한 어른들의 행동   30

2장   트라우마, 정신 건강 그리고 뇌   34
     50% 법칙   35
     정신 건강 상태   47
     코르티솔이 뇌에 미치는 영향   48
     반쯤 비어 있는 유리잔 사고방식   51
     세로토닌(SEROTONIN)   54
     세 가지 법칙   58

3장	학교에서 아이들의 감정 관리를 돕는 방법	65
	학교에서 감정이 폭발한 아이들과 상호작용하는 방법	74
	뇌를 재설정하기	79
	공간 조성하기	83
	아이들에게 탈출구 마련해 주기	86
	상담 환경에서 감정이 폭발한 아이들을 돕는 방법	88
	상담교사의 역할	89
4장	집에서 아이들의 감정관리를 돕는 방법	97
	집을 아이에게 안전한 공간으로 만들기	98
	집에서는 악마, 학교에서는 천사	99
	내 감정부터 점검하기	102
	육아 전략 #1 이미 답을 알고 있는 질문은 하지 마세요	104
	육아 전략 #2 감정을 그대로 드러내지 마세요	110
	육아 전략 #3 팀워크를 활용한 육아 전략	116
	육아 전략 #4 학교 일은 학교에서 해결하기	121
5장	아이의 자기 조절력 키우기	128
	1단계: 아이들에게 '감정 폭발' 이해시키기	129
	2단계: 아이들과 함께 자극 요인 발견하기	131
	3단계: 감정 인식하기	136
	감정 조절 전략 #1 안전한 장소 만들기	144
	감정 조절 전략 #2 5초 긴장, 5초 이완	145
결론		149

서론

아동 상담사로 일하면서 늘 의문이 들었습니다. 아이들은 왜 이토록 감정 조절에 어려움을 겪는 걸까요?

저는 상담 현장에서 아이들에게 감정 다루는 법을 알려주고, 불편한 감정도 편하게 표현할 수 있는 안전한 공간을 만들어 주었습니다. 스스로를 다스리는 법도 차근차근 가르쳐주었죠. 하지만 정작 큰 감정의 소용돌이에 휘말린 아이들이 상담실 문을 열고 들어올 때면, 그동안 배운 모든 방법이 무용지물이 되는 경우가 많았습니다.

대응 방법을 제안하면 아이들은 더 좌절했고, "무슨 일 있었어?"라는 간단한 질문에도 대답하지 못했습니다. 더 안타까운 건 아이들 스스로도 자신의 상태를 이해하지 못해 혼란스러워했다는 점이었죠. 그 순간 아이들은 마치 멈춰버린 듯했습니다.

저는 심리학을 전공하며 사고, 감정, 행동에 초점을 맞추는 훈련을 받았습니다. 아이들의 사고방식을 바꾸고 어떤 상황에서도 마음을 안정시킬 수 있는 방법을 알려주는 것이 제 역할이라 생각했죠.

그런데 몇 년 전, 감정의 생물학적 원리를 공부하면서 제 관점이 완전히 바뀌었습니다. 아이들은 스위치를 누르듯 감정을 조절하거나 이성적으로 생각할 수 없는 순간이 있었고, 어른인 저도 마찬가지였습니다.

때로는 우리 모두 합리적인 판단을 내릴 수 없는 상태가 됩니다. 의지가 부족해서가 아니라 뇌가 그럴 수 없는 상태에 빠지기 때문입니다. 저는 이런 상태를 '감정 폭발'이라고 부릅니다.

이 책에서는 '감정 폭발'이 무엇이고 왜 이 상태를 이해해야 하는지 설명하고자 합니다. 또한 아이들의 감정 상태를 설명하기 위해 몇 가지 용어를 소개할게요.

- 조절된 상태(Regulated): 아이가 감정을 잘 다스릴 수 있는 상태
- 조절되지 않은 상태(Dysregulated): 아이가 감정을 주체하지 못하고 통제력을 잃은 상태
- 자기 조절(Self-Regulation): 아이가 스스로 감정을 다스리는 능력
- 대응 전략(Coping Strategies): 감정, 사고, 행동을 다스리는 데 활용할 수 있는 여러 방법

이러한 개념들을 바탕으로 아이들의 감정 조절 과정을 깊이

이해하고 효과적인 해결책을 찾아보려고 합니다.

우리 사회는 지금 정신 건강 위기를 맞고 있습니다. 2019년 세계 행복 보고서에 따르면, 미국인들의 행복도는 역대 최저치를 기록했습니다.

이 연구의 공동 저자 진 M. 트웬지(Jean M. Twenge)는 이렇게 말합니다. "여러 지표를 보면 지금이 가장 행복해야 할 때입니다. 폭력 범죄율과 실업률은 낮고, 1인당 소득도 수십 년간 꾸준히 늘어났으니까요."

우리가 불행을 느끼는 이유는 다양하겠지만, 한 가지는 분명합니다. 이러한 불행이 나아지기는커녕 점점 더 깊어지고 있다는 사실이죠.

우리는 아이들이 '성공적인' 삶을 살도록 키우고 가르치는 데 온 힘을 쏟고 있지만 정작 중요한 사실을 놓치고 있어요. 원하는 것을 모두 가진다고 해서 반드시 행복해지는 건 아니라는 점입니다. 많은 아이들이 끝없는 '성공의 러닝머신' 위에서 달리고 있습니다. 정작 자신이 누구이고 무엇을 원하는지도 모른 채 말이죠. 그 결과 자신의 의지와는 상관없이 대학에 가고, 그럴듯해 보이는 전공을 선택합니다.

상담을 하면서, 성적은 우수하지만 극심한 스트레스에 시달리며 삶의 균형을 잃어가는 십 대들을 수없이 만났습니다. 그들에게 물었어요. "왜 밤새워가며 공부하니?", "왜 꼭 A학점을 받아야 한다고 생각해?", "왜 꼭 그 대학에 가야 한다고 믿니?"

대부분의 아이들은 그 이유를 제대로 설명하지 못했습니다. 이런 질문을 던진 사람이 없었기 때문이죠. 아무도 "네가 어떻게 느끼는지", "네가 무엇을 원하는지", "왜 이 길을 가고 싶은지" 진심으로 물어보지 않았던 겁니다.

세계보건기구(WHO)의 조사에 따르면, 대학생의 35%가 정신건강 문제를 겪고 있으며, 학업을 중단하는 학생 중 64%는 정신건강 문제 때문에 대학을 그만둔다고 합니다. 그런데도 우리는 교육자, 부모, 전문가로서 아이들이 건강하게 미래를 맞이할 수 있도록 제대로 준비시키지 못하고 있습니다. 많은 학교에서 독해 프로그램을 늘리기 위해 상담 프로그램을 줄이고 있습니다. 여기서 문제는 독해 프로그램이 늘어나는 것이 아니라, 아이들이 공부하면서 겪는 감정을 가볍게 여긴다는 점입니다. 예를 들어보죠. 독해를 어려워하는 아이가 감정 조절도 힘들어한다면, 책을 바닥에 던지고 아예 읽으려고도 하지 않을 수 있습니다. 반면 독해는 어렵더라도 감정을 잘 다스릴 수 있는 아이라면, 불편한 감정을 견디며 계속 도전해서 결국 독해 실력을 높일 수 있습니다. 학업 성취와 감정 조절 능력은 함께 키워나가야 하는 것이죠.

우리 교육계가 감정 조절의 중요성을 놓치고 있는 동안, 기업들은 이를 놓치지 않았습니다. 직업 행동 저널에 따르면, 감성 지능이 높은 사람들은 더 높은 연봉을 받을 뿐 아니라 직업 만족도도 높다고 합니다.

기업인 에릭 럽튼(Eric Lupton)은 이렇게 말했어요. "자신의 감정을 이해하고 조절하며, 타인의 감정을 읽어내는 능력은 함께 일하는 데 있어 가장 중요한 자산이 될 수 있다."

그럼에도 불구하고 우리는 부모와 교육자로서 아이들이 감정을 인식하고 조절하는 능력을 키우는 일을 우선시하지 않고 있습니다. 학업 성취와 겉으로 드러나는 성공만을 좇으며 '이것만 잘하면 아이가 행복해질 거야'라고 믿어왔죠. 이것은 잘못된 생각입니다.

제가 만난 가장 불행한 아이들 중 일부는, 겉으로 보기에 가장 성공한 아이들이었습니다. 그 아이들은 원하는 것을 모두 가진 듯 보였지만, 속은 공허함과 혼란, 깊은 슬픔으로 가득했습니다.

감정 조절이 어려운 아이를 키우는 부모든, 감정 교육을 돕는 상담사든, 산만한 교실을 이끄는 교사든, 우리의 목표는 하나입니다. 바로 아이들이 외부에서 겪는 일들을 내면에서 건강하게 받아들이고 다룰 수 있도록 돕는 것이죠. 이것이야말로 우리가 아이들에게 줄 수 있는 가장 가치 있는 교육입니다.

밀레니얼 세대 연구 전문가 팀 엘모어(Tim Elmore)는 이렇게 말합니다. "아이를 위해 길을 닦아주지 말고, 아이가 스스로 길을 헤쳐나갈 수 있게 준비시켜라."

아이들이 앞으로 다가올 세상에 잘 대비하려면, 우리는 아이들에게 세 가지 능력을 길러주어야 합니다.

첫째, 자신의 감정을 알아차리는 방법
둘째, 그 감정이 왜 일어났는지 파악하는 방법
셋째, 건강하게 감정을 다스리는 방법

이것들을 제대로 가르치려면, 우리가 먼저 감정을 이해해야 합니다.

아이들 삶에서 중요한 어른인 우리는 감정 관리의 본보기가 됩니다. 그것이 좋은 방식이든 나쁜 방식이든 말이죠.

우리가 아이들에게 화를 내며 감정적으로 심한 벌을 주거나, 실수를 인정하지 않고 자신의 행동에 책임지지 않는다면, 아이들도 그대로 배워 자신의 감정을 다루는 방식으로 삼게 됩니다.

우리 스스로 감정을 다스리지 못한다면, 어떻게 아이들이 자신의 감정을 잘 다루길 기대할 수 있을까요?

한 걸음 뒤로 물러나 우리의 감정과 반응이 아이들과의 관계에 어떤 영향을 주는지 살펴본다면, 아이들과의 관계는 분명히 달라질 것입니다.

아이들은 우리의 약점을 건드리고, 감정을 자극하며, 때로는 한계점에 다다른 것 같은 느낌이 들게 합니다. 이 책에서는 그런 상황에서도 무너지지 않는 방법을 알려드립니다. 폭발하지 않고, 분노를 다스리며, 나중에 후회할 행동을 피하는 법을 함께 배워 볼 거예요.

아이들이 스스로 감정을 관리하도록 가르치는 방법도 함께 살펴볼 것입니다. 여러분에게 필요한 정보와 적절한 대화법, 그리고 아이들이 감정적으로 성장해 스스로 설 수 있게 돕는 구체적인 단계를 알려드릴게요.

쉬운 길은 아니지만, 이 내용을 이해하고 배워 실천한다면, 오늘날 아이들뿐 아니라 미래 세대의 정서적 삶도 크게 개선할 수 있습니다.

이제 시작해 볼까요?

1장

뇌는 감정을 어떻게 처리할까?

　우리의 뇌는 놀랍도록 복잡한 시스템입니다. 학습을 돕고, 감정을 조절하며, 생각하고, 복잡한 개념을 이해하고, 몸의 움직임을 조정하죠. 하루 종일 쉬지 않고 신호를 주고받으며 우리가 정상적인 생활을 할 수 있게 도와줍니다. 하지만 뇌의 가장 중요한 임무는 바로 '생존'입니다.

　생존이 최우선 과제이기에 뇌는 필요하다면 어떤 방법이든 동원합니다. 이때 위험이 다가오고 있다는 신호가 바로 '두려움'이라는 감정입니다. 뇌는 늘 위험을 감지하고 우리에게 경고를 보내지만, 환경은 많이 달라졌습니다.

수천 년 전, 인류가 동굴에서 살던 시절을 생각해 보세요. 한밤중에 이상한 소리가 들렸는데 '별일 아니겠지'하고 넘겼다면, 맹수나 적의 습격으로 목숨을 잃었을지도 모릅니다. 그렇지만 지금은 보안 시스템도 있고, 집을 지키는 큰 개도 있으며, 스마트폰으로 긴급 전화도 할 수 있어서 어느 정도는 위험을 가볍게 넘길 수 있게 되었죠. 우리는 꽤 안전한 환경에서 살고 있는 것입니다.

하지만 뇌는 그렇게 단순하지 않습니다. '혹시라도 두려움을 무시했다가 큰일이 나면 어쩌지?'라는 방식으로 작동하기 때문이죠. 두려움을 가볍게 여기면 생존이 위협받을 수도 있다고 판단하는 겁니다. 그래서 현대식 고급 아파트에 살든 원시 시대의 동굴에 있든, 뇌는 '위험'이라는 신호를 감지하면 즉각 반응합니다. 이것이 바로 뇌의 본능적인 역할, 우리의 생존을 지키는 일입니다.

두려움 반응

편도체는 뇌 깊숙이 자리 잡은 아몬드 모양의 작은 뇌부위로, 두려움을 조절하고 위험을 감지하는 역할을 합니다. 우리 주변 환경을 파악하고 잠재적 위험을 피할 수 있게 도와주는 중요한 역할을 하죠.

도로에서 차 타이어가 끼익 하며 미끄러질 때 편도체가 즉시 반응해 브레이크를 밟도록 신호를 보내고, 사나운 개가 갑자기 짖을 때는 위험을 감지해 몸을 피하도록 합니다. 이처럼 편도체가 보내는 신호는 우리의 생명을 지키는 데 매우 중요합니다.

그러나 편도체는 실제로는 위험하지 않은 상황에서도 자주 작동합니다. 그 결과 우리는 불필요한 스트레스와 감정 소진을 겪게 되죠. 이를테면 다음과 같은 생각에도 위험 신호를 보냅니다.

"저 사람이 나를 싫어하면 어쩌지?"
"시험을 망친 것 같아. 큰일이야."
"오늘 옷을 잘못 입고 왔나? 다들 이상하게 보면 어쩌지?"
"농구 경기에서 슛을 놓치면 어떡하지?"

"이번 주말에 친구들과 못 놀면 외톨이가 될까 봐 걱정돼."
"A학점을 유지해야 하는데 이번 시험에서 점수가 낮으면 어떡하지?"
"대학에 못 가면 어쩌지?"

이렇게 생명의 위협과는 전혀 관계없는 상황에서도 편도체는 과민하게 반응하여, 우리에게 끊임없이 불안과 두려움을 안겨줍니다. 심지어 평화롭고 고요한 날에도 아무 이유 없이 불안감을 느끼게 할 수 있죠.

이처럼 끊임없는 편도체의 활성화는 감정 소진과 불안으로 이어집니다. 사실 '불안'이란 감정의 핵심에는 '과도하게 활성화된 편도체'가 있습니다.

얼마 전 한 아이에게 편도체의 역할을 설명했더니, 아이는 이런 질문을 했습니다.

"그럼 편도체를 아예 없앨 순 없나요?"

걱정하는 것에 너무 지쳐버린 아이는 스트레스 없이 살고 싶어

했던 거죠. 솔직히 저도 기회가 있다면 편도체 제거 수술을 한 번쯤 고려해 볼 수 있을 것 같습니다. 하지만 편도체가 없다면 정말 큰일이 날 거예요.

저는 아이에게 이렇게 설명해 주었습니다. "편도체 덕분에 숙제도 제때 내고, 시험공부도 열심히 할 수 있어. 선생님 말씀에 집중하고 축구 선생님의 지도를 따를 수 있는 것도, 심지어 친구들과 좋은 관계를 유지하는 것도 모두 편도체가 하는 일이야."

편도체는 우리 삶에서 정말 중요한 역할을 합니다. 없앨 수는 없지만, 그 영향을 어떻게 다룰지 배우는 것이 중요하죠.

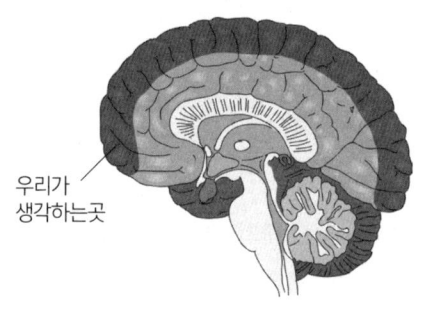

아이들이든 어른이든 감정을 조절하고, 명확히 생각하며, 합리적인 결정을 내리려면 뇌의 윗부분으로 혈류가 충분히 공급되어야 합니다.

이 과정에서 특히 중요한 역할을 하는 두 부위가 있는데, 하나는 사고와 의사결정을 담당하는 '전전두엽(the prefrontal cortex)'이고, 다른 하나는 감정 조절을 담당하는 '전방 대상피질(the anterior cingulate cortex)'입니다.

전전두엽은 비교적 잘 알려져 있지만, 전방 대상피질은 처음 들어보는 분들이 많을 텐데, 우리가 감정 조절에 대해 깊이 생각해 본 적이 거의 없기 때문일 겁니다.

대개는 감정을 주체하지 못하는 사람을 만났을 때, 우리 아이가 감정 조절에 어려움을 겪을 때, 혹은 스스로 감정을 다스리지 못해 큰 실수를 하거나 후회할 때가 되어서야 감정 조절의 중요성을 실감하게 됩니다.

실제든 상상이든 뇌가 위험을 감지하면 몸과 마음에 즉각적인 변화가 일어납니다. 편도체가 활성화되면서 원래 차분한 사고를 담당하는 뇌의 윗부분으로 가던 혈류가 줄어들기 시작하죠. 그러면 머릿속이 멍해지고, 손에 땀이 나며, 심장이 빠르게 뛰고, 숨이 가빠집니다. 때로는 배가 아프거나 머리가 지끈거릴 수도 있어요.

우리 몸이 '생존 모드'로 전환되었기 때문입니다.

아이들에게 생존 모드가 작동되면 크게 세 가지 방식으로 반응합니다.

싸우기

화를 내거나 공격적으로 행동합니다.

사소한 일에도 쉽게 흥분하고 말싸움을 걸어옵니다.

부모나 친구와 끝까지 맞서려 하고 좀처럼 물러서지 않습니다.

도망가기

학교 가기를 꺼리고 몸이 아프다고 호소합니다.

갈등을 피하려고 무조건 상대방 의견에 따릅니다.

불편한 상황이 예상되면 아예 피해 버립니다.

얼어붙기

멍하니 굳어버려 아무 반응도 하지 못합니다.

현실감이 사라지고 머릿속이 하얘집니다.

집중하기 어렵고 말을 하거나 행동하는 것조차 힘들어합니다.

잠재적인 위험에 대한 우리 몸의 반응

동공이 커지는 현상: 우리 몸은 위험한 상황에서 주변을 더 잘 살피려고 합니다. 이때 동공이 커지면서 많은 빛이 들어오고, 덕분에 시야가 넓어지고 시각도 더욱 예민해집니다.

얼굴색의 변화: 몸이 싸우거나 도망칠 준비를 하면서 혈액이 빠르게 근육, 뇌, 팔다리로 이동합니다. 이 과정에서 얼굴이 순간적

으로 하얗게 질릴 수 있죠.

심장 박동과 호흡의 변화: 심장이 빠르게 뛰고 숨이 가빠지는 것은 우리 몸이 위협에 빠르게 대처하기 위해서입니다. 더 많은 산소와 에너지가 필요하기 때문이죠. 덕분에 순간적으로 힘이 솟거나 재빨리 움직일 수 있는 상태가 됩니다.

몸이 떨리는 현상: 우리 몸이 생존 모드로 전환되면 즉시 싸우거나 도망칠 태세를 갖춥니다. 이때 근육이 긴장하면서 몸이 떨리거나 손이 가늘게 떨릴 수 있어요. 이는 몸이 빠르게 반응할 수 있도록 근육을 준비시키는 과정입니다.

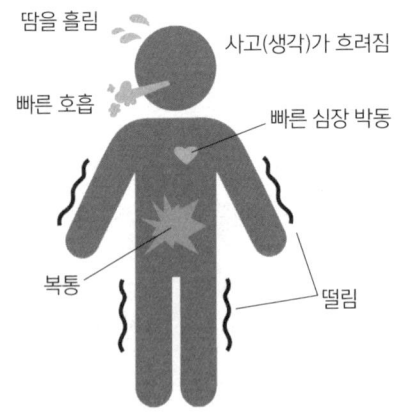

아이에게 생존 모드가 작동되면 '감정 폭발'이 시작됩니다. 이런 상태가 되면 이성적으로 생각하거나 감정을 조절하면서 침착하게 행동하기가 매우 어려워지죠.

의지가 강하고 스스로 노력하는 아이(혹은 어른)라도, 또 적절한 감정 조절 방법을 알고 있다 하더라도, 뇌의 윗부분으로 충분한 혈류가 공급되지 않으면 감정을 다스리기가 쉽지 않습니다.

감정 폭발의 이해

감정 폭발은 뇌의 윗부분으로 가는 혈류가 부족해질 때 나타납니다. 감정이 '넘쳐흐르는' 상태가 되면서 이성적인 판단이 어려워지고, 감정을 조절하거나 다른 사람과 차분히 대화하는 것도 거의 불가능해집니다.

감정의 강도를 1부터 10까지로 표현했을 때, 감정 폭발은 8 이상일 때 찾아옵니다. 감정의 강도가 1에서 7 사이일 때는 우리가 알고 있는 감정 조절법을 활용하거나 스스로를 달래면서 충동적인 반응을 조절할 수 있습니다.

그렇지만 감정이 8 이상으로 치솟으면, 더 이상 이성적으로 생각하거나 침착하게 행동하기가 어려워지죠.

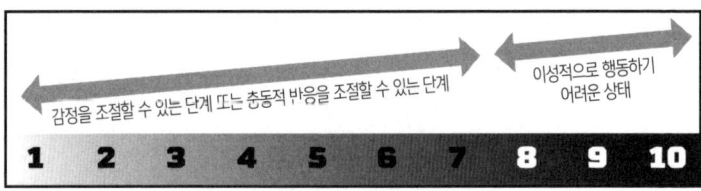

　감정 폭발 상태가 되면 누구나 힘들어집니다. 이 상태에서는 나중에 후회할 행동을 하거나, 아이에게 과하게 엄한 잣대를 들이대거나, 상대방의 마음을 전혀 헤아리지 못한 채 충동적으로 말을 내뱉게 됩니다.

　이미 완성된 뇌를 가진 성인도 이런 상태에서 빠져나오기가 쉽지 않은데, 아직 뇌가 완전히 자라지 않은 아이들은 얼마나 더 힘들겠습니까?

　우리의 뇌는 25세가 되어야 완전히 성숙하며, 논리적 사고를 담당하는 좌뇌와 창의적 사고를 담당하는 우뇌를 이어주는 뇌량(Corpus Callosum)도 대부분 대학을 졸업할 즈음에야 완성됩니다.

감정 폭발, 이렇게 나타납니다

　이제 아이들의 뇌에서 일어나는 일을 이해했다면, 감정 폭발이 된 아이들이 어떤 반응을 보일지 예측할 수 있습니다. 이런 반응들이 반갑지는 않겠지만, 왜 그런 행동이 나오는지 알게 되면 조금은 다르게 바라볼 수 있죠.

아이들의 감정 폭발 반응을 미리 알고 있으면, 우리도 감정에 휘말리지 않고 차분히 대처할 수 있습니다. 한 걸음 물러서서 상황을 지켜보고, 아이의 행동에 이끌려 감정적으로 반응하지 않는 것이야말로 감정 폭발이 된 아이와 효과적으로 소통하는 중요한 방법입니다.

감정이 폭발한 아이들은 이런 말을 합니다

아래는 감정이 폭발한 아이들의 흔한 반응입니다.

아이가 이런 반응을 보이면 우리는 진실을 말해주며, 그렇지 않다고 설득하고 싶어 집니다. "너도 신경 쓰고 있는 거 다 알아" 혹은 "우리가 널 얼마나 사랑하는지 알잖아"라는 말이 절로 나오죠.

이런 말들은 오히려 상황을 더 어렵게 만들 수 있습니다. 여기서 꼭 기억해야 할 점은 감정이 폭발한 아이들은 이성적으로 생각할 수 없다는 사실입니다. 우리가 아무리 옳은 말을 하더라도, 이미 이성을 잃은 아이에게 논리적으로 설명하는 것은 아무 소용이 없습니다.

오히려 아이가 이런 말을 한다는 것은 아이의 뇌가 이미 감정에 휩싸여 이성적인 판단이 어려운 상태라는 신호입니다.

위의 예에서, 엄마의 두 번째 대답이 더 효과적인 이유는 엄마가 아이의 감정을 있는 그대로 받아들이기 때문입니다.

아이를 논리적으로 설득하거나 생각을 바꾸려 하기보다는 "네가 그렇게 느낄 만도 해"라고 말하며 아이의 감정을 인정해 주는 것이 중요합니다.

감정이 폭발한 아이들의 행동

감정이 폭발한 아이들은 말뿐 아니라 행동도 이성적으로 조절하기 어렵습니다. 예상치 못한 행동을 하거나, 평소와는 다른 방식으로 감정을 표현할 수 있죠.

이런 상태의 아이들은 자신이 진짜 원하는 것을 얻으려 노력하기보다, 오히려 상황을 의도와는 정반대로 만들어버리는 경우가 많습니다.

아래에서 감정이 폭발했을 때 아이들이 보이는 전형적인 반응들을 살펴보겠습니다.

- 자신의 행동에 책임지기를 거부한다
  - 잘못을 인정하고 사과하려고 하지 않는다
- 거짓말을 한다
- 작은 일에도 과하게 반응한다
- 심하게 자책한다.
- 과격한 행동을 한다
  (때리기, 발길질하기, 소리 지르기)
- 아무런 반응을 하지 않는다

    모든 아이가 같은 방식으로 반응하지는 않습니다. 다만 한 가지 공통점이 있다면, 아이의 행동이 갑자기 크게 달라진다는 점입니다. 이럴 때 아이들은 몸이 굳고, 얼굴이 붉어지거나, 숨이 가빠지기도 합니다.

    어떤 아이들은 감정을 속으로 삭이며 조용해지는 반면, 다른 아이들은 감정을 거세게 표출하며 주변 사람들에게 날을 세웁니다. 감정을 속으로 삭이는 아이들은 겉으로 드러내지 않기 때문에 언뜻 보기에는 별 문제가 없어 보일 수 있고, 반대로 감정을 밖으로 표출하는 아이들은 힘든 마음을 즉시 드러냅니다.

    감정을 속으로 삭이는 아이들은 보통 크게 문제를 일으키지 않습니다. 후폭풍을 일으킬 말이나 행동을 하지 않기 때문이죠. 어른 입장에서는 이런 상황이 참 어렵습니다. 아이에게 무슨 일이 있는지 알기 힘들거든요. 아이들이 왜 그렇게 마음이 상한 건지 말해주지 않을 때가 많아서 도움을 주는 것도 쉽지 않습니다.

반대로, 감정을 밖으로 표출하는 아이들은 자신이 힘들어하는 것을 즉시 드러냅니다. 이것이 도움이 될 수도 있지만, 아이가 감정의 홍수를 외부로 분출할 때 어른들이 감정을 조절하기 어려울 때가 많습니다.

최근 상담 시간에 한 아이가 저에게 말했습니다. 제가 전혀 도움이 안 된다고, 자기에게 문제가 있다고 생각하는 부모님이 미쳤다고, 그리고 우리(어른들)가 오히려 상담이 필요한 사람들이라고요. 그 말을 들으면서 감정적으로 중립을 유지하기가 정말 힘들었어요. 아이가 소리를 지르거나, 때리고, 발로 차거나, 당신이 얼마나 형편없는 사람인지 말할 때도 감정적 중립을 유지하기 어렵습니다.

이런 순간에는 우리 자신의 몸 안에서 무슨 일이 일어나고 있는지 주의를 기울이는 것이 매우 중요합니다.

아이가 선생님이야말로 상담이 필요하다고 말했을 때, 저는 몸이 긴장되는 것을 느꼈어요. 가슴이 두근거리고 얼굴이 화끈거렸어요. 예상치 못한 말이었으니까요. 제 의도는 아이를 해치려는 것이 아니라 돕고자 했기 때문에 그 순간, 저는 한 걸음 물러서서 깊이 숨을 들이쉬고 제 감정을 받아들여야 했습니다.

감정이 폭발한 어른들의 행동

아이든 어른이든, 감정이 폭발한 사람과 대화할 때는 바로 반응하기보다 잠시 멈춰 서서 자신의 상태를 살피는 것이 중요합니다. 그러지 않으면 상대의 감정에 휘말려 우리도 함께 감정이 폭발할 수 있기 때문이죠.

감정이 폭발한 두 사람이 서로에게 반응하면, 결코 좋은 결과를 기대하기 어렵습니다. 특히 아이와 어른이 동시에 감정 폭발 상태가 되면, 어른은 나중에 후회할 만한 행동이나 결정을 하기 쉽습니다. 그렇기에 이런 상황에서 감정을 다스려야 할 책임은 어른에게 더 크게 주어집니다.

다음은 감정이 폭발한 상태에서 어른들이 아이들에게 보이는 전형적인 반응입니다.

- 필요 이상으로 엄하게 훈육한다
- 아이의 말을 듣지 않는다
- 소리친다
- 협박하거나 아이를 조종하려 한다

누구나 한 번쯤은 감정이 폭발해 나중에 후회할 만한 행동을 한 적이 있을 것입니다. 어른도 사람인지라, 아이들처럼 감정에 휘말려 이성적인 판단을 하기 어려울 때가 있기 마련이죠. 하지만 중요한 것은 이런 경험을 통해 배우고, 다음에는 조금 더 나은 방식으로 대응하려 노력하는 자세입니다.

지금까지 배운 내용을 토대로 잠시 자신을 돌아보는 시간을 가져보면 좋겠습니다. 이는 우리의 행동을 이해하고 아이들과 더 효과적으로 소통하는 데 도움이 될 것입니다. 부모님이든, 보육 교사든, 학교 선생님이든, 교육자든, 상담사든, 우리가 이 과정을 살펴보는 목적은 결코 죄책감이나 후회를 느끼게 하는 데 있지 않습니다. 오히려 우리 자신과 우리 곁의 아이들을 더 깊이 이해하고, 지금 배운 내용을 실제 삶에서 실천하는 데 의미가 있습니다.

돌아보기

- 아이들의 어떤 행동이 내 감정을 특히 자극하나요?
___
___
___

- 감정이 폭발했을 때 나는 어떤 모습을 보이나요?
___
___
___

- 이상적으로는 어떻게 반응하고 싶은가요?
___
___
___

- 다음에는 어떻게 하면 조금 더 나은 방식으로 대응할 수 있을까요?
___
___
___

2장

트라우마, 정신 건강 그리고 뇌

앞서 우리는 건강한 사람들의 뇌에서 혈류가 어떤 역할을 하는지 살펴보았습니다. 누구나 감정 폭발 상태가 될 수 있고, 평소에 감정 조절을 잘하는 사람이라도 때로는 감정을 주체하기 어려운 순간을 맞이하게 됩니다. 하지만 유전적인 요인이나 삶의 경험으로 인해 뇌가 손상되거나 영향을 받은 경우에는, 감정을 다스리는 일이 더욱 어려울 수 있습니다.

50% 법칙

50% 법칙이란 우리의 정신 건강이 유전과 환경의 영향을 반반씩 받는다는 개념입니다. 절반은 타고난 유전적 요인이, 나머지 절반은 살면서 겪는 환경과 경험이 결정한다는 것이죠.

불안이나 우울 같은 정신 건강 문제를 유전적으로 타고났더라도, 부모와 친구들의 따뜻한 지지 속에서 안전하게 자라고 큰 상처 없이 성장한다면, 그 문제를 더 잘 다룰 수 있게 됩니다. 반면 정신 건강에 어려움이 있는 상태에서 불안정한 가정환경에서 자라거나, 반복적인 상처, 학대, 방임을 경험하게 되면 정신 건강을 지키는 일이 훨씬 힘들어집니다.

어린 시절에 반복적인 상처를 겪는 경우를 '역경적 아동기 경험(Adverse Childhood Experiences, ACEs)'이라고 하는데, 이러한 경험이 많을수록 정신 건강을 유지하기가 어려워지고, 성인이 되어서도 여러 어려움을 겪을 가능성이 커집니다.

아래 표에서는 ACEs의 여러 유형을 살펴볼 수 있습니다

ACEs = Adverse Childhood Experiences
(역경적 아동기 경험)

ACEs의 세가지 유형

학대	방임	가정 내 기능 장애	
신체적 학대	신체적 방임	정신 질환	가족 구성원의 수감
정서적 학대	정서적 방임	폭력적인 엄마	약물 남용
성적 학대		이혼	

이 표를 보면서 생각나는 아이를 떠올려 보세요. 그리고 그 아이가 경험했을 가능성이 있는 역경적 아동기 경험(ACEs)을 체크해 보세요.

학대	방임	가정 내 기능 장애
신체적 학대	신체적 방임	정신 질환
정서적 학대	정서적 방임	가족 구성원의 수감
성적 학대		약물 남용
		폭력적인 엄마, 이혼

많은 아이들이 최소 한 가지 이상의 '역경적 아동기 경험(ACEs)'을 겪습니다. 미국의 경우 결혼의 40~50%가 이혼으로 끝나기 때문에, 이것만으로도 상당수의 아이들이 하나의 역경을 경험하게 됩니다.

이러한 어린 시절의 힘든 경험이 아이들의 삶에 깊은 영향을 준다는 사실은 알고 있었지만, 그 피해가 얼마나 심각한지에 대한 본격적인 연구는 불과 20년 전에야 시작되었습니다.

1985년, 미국 질병통제예방센터(CDC)는 샌디에이고의 카이저 퍼머넌트 비만 클리닉에서 특이한 현상을 발견했습니다.

많은 환자들이 치료를 중간에 그만두는 것이었죠. 이 연구를 이끌던 빈센트 펠리티(Vincent Felitti) 박사는 환자들을 면담하면서 중요한 사실을 발견했습니다. 환자들이 치료를 포기하는 것은 단순히 의지가 부족해서가 아니었습니다. 대부분의 환자들이 어린 시절 학대나 상처를 경험했으며, 살을 빼고 싶지 않은 게 아니라 '나는 살을 뺄 자격이 없다'라고 느끼고 있었던 것입니다.

이 충격적인 발견을 계기로 'ACE 연구(역경적 아동기 경험 연구)'가 시작되었고, 이는 어린 시절의 부정적 경험이 성인이 된 후의 삶에 어떤 영향을 미치는지 밝혀내는 획기적인 연구가 되었습니다.

ACE 연구의 주요 결과를 보면, 4개 이상의 역경적 경험을 한 사람들은 그렇지 않은 사람들에 비해 다음과 같은 건강 문제를 겪을 위험이 크게 높아졌습니다.

- 만성 폐질환 발병 위험 390% 증가
- 간염 발병 위험 240% 증가
- 우울증 발병 위험 460% 증가
- 자살 시도 위험 1220% 증가

이 수치들이 매우 충격적이지만, 뇌 영상을 보면 그리 놀랍지만은 않습니다. 비교 이미지를 보면, 왼쪽의 건강한 뇌는 감정 조절과 이성적 사고를 담당하는 전전두엽과 전방대상피질이 활발하게 활동하는 반면, 오른쪽 학대 경험자의 뇌에서는 이 부위의 활동이 현저히 줄어든 것을 확인할 수 있습니다.

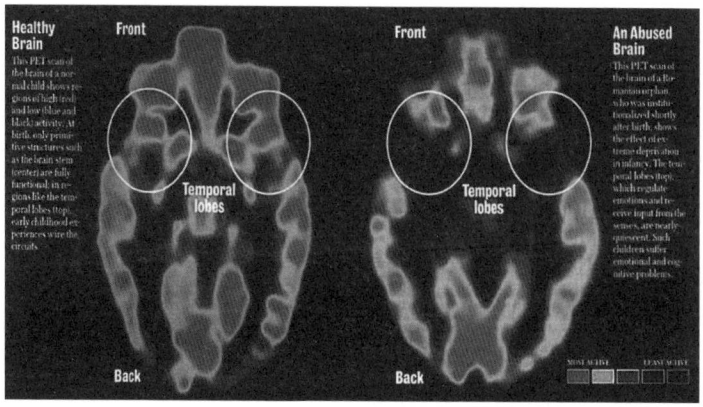

아이가 반복적으로 학대나 상처를 경험하면, 전전두엽과 전방대상피질의 발달이 더뎌지고 편도체는 지나치게 활성화되는 경향을 보입니다. 그 결과 아이들은 뇌의 아래쪽, 즉 본능적인 부분을 더 많이 사용하게 되어 신중하고 절제된 반응보다는 감정적이고 즉각적인 반응을 보이기 쉽습니다.

아이들이 안전하다고 느끼지 못하거나 학대받는 환경에서 벗어나지 못한다면, 자라면서도 뇌의 윗부분이 충분히 발달하지 못해 감정을 다스리거나 올바른 판단을 하는 능력이 부족해질 위험이 큽니다.

아이들이 학교생활을 원활하게 하려면 뇌의 윗부분이 발달해야 합니다. 수업 내용을 배우고, 친구들과 잘 지내며, 숙제를 제때 내고, 불편한 감정을 다스리는 데 이 부분이 꼭 필요하기 때문입니다. 하지만 학대나 상처를 경험한 아이들은 이 부분이 충분히 자라지 못해서 필요할 때 제대로 활용하기 어렵습니다. 앞서 살펴봤듯이 뇌는 무엇보다 생존을 우선시하기 때문에 늘 생존 모드로 살아가는 아이들의 뇌는 일반적인 경우와는 다르게 작동하고 발달할 수밖에 없습니다.

상담사로 일하기 시작한 첫해, 저는 학교에서 폭력적인 행동을 보이는 한 남자아이를 맡게 되었습니다. 아이는 겨우 1학년이었지만, 이미 두 번이나 정신과 치료 센터에 입원한 적이 있었죠. 여러 가지 약(항정신병 약도 포함)을 복용 중이었고, '정신병적 특징을 동반한 양극성 장애' 진단도 받은 상태였습니다. 이 아이는 학교에서 여러 번 정학을 당했고, 교실에서 의자를 던지거나 선생님이 다가오면 물기도 했습니다. 운동장에서는 철망을 타고 올라가고, 침을 뱉고, 욕을 하는 등 규칙을 따르려고 하지 않았습니다. 그런 아이가 개학 첫 주에 제 상담실을 찾아온 건 어쩌면 당연한 일이었는지도 모릅니다.

초보 상담사였던 저는 이 아이를 어떻게 도와야 할지 전혀 갈피를 잡지 못했습니다. 아이의 행동과 감정을 조절하도록 돕는 방법을 몰랐기에, 제가 할 수 있는 단 한 가지를 하기로 했습니다.

바로 아이에게 '안전한 존재'가 되어주는 것이었죠. 저는 아이를 만날 때마다 '난 너를 보고 있어. 네 이야기를 듣고 있어. 그리고 너를 있는 그대로 받아들일 거야.'라는 메시지를 전하려 노력했습니다. 시간이 흐르면서 이러한 노력이 조금씩 변화를 가져오기 시작했어요.

그 후, 아이의 감정 세계를 더 잘 이해하고 싶어서, 자신의 모습을 그려보도록 부탁했습니다. 다음은 아이가 처음으로 그린 자화상입니다.

아이에게 그림을 설명해 달라고 하자, 회색 부분은 자기 안에 있는 '분노'를, 오른쪽으로 삐져나온 부분은 '누군가를 때릴 준비가 된 주먹'을 나타낸다고 했습니다. 그리고 가운데 검은색 부분은 '아무에게도 보이고 싶지 않은 슬픔'이라고 말했죠. 바로 그 순간, 아이는 처음으로 자신의 약한 모습을 드러내기 시작했습니다.

아이는 자신이 그린 그림을 '괴물'이라 부르며, 정말로 자신을 괴물처럼 여기고 있었습니다. 이 말에 마음이 아팠지만, 어쩌면 학교의 다른 친구들과 선생님들도 이 아이를 그렇게 보고 있을지도 모른다는 생각에 마음이 더 아팠습니다.

시간이 흐르면서 아이는 조금씩 저에게 마음을 열기 시작했습니다. 어느 날은 조심스럽게 "우리 엄마는 못됐어요. 선생님이 우리 엄마였으면 좋겠어요"라고 말했고, 또 다른 날에는 "난 바보예요. 친구도 하나도 없어요"라며 자신을 부정적으로 표현했습니다.

저는 아이의 말에 굳이 반박하지 않았습니다. 아이가 느끼는 감정을 있는 그대로 받아들이고 곁에서 지켜봐 주었죠. 그렇게 지내는 동안 아이는 친구들과 더 많이 어울리기 시작했고, 폭력적인 행동도 점점 줄어들었습니다.

어느 날은 "가끔은 학교가 괜찮아요"라고 말하기도 했습니다. 그러던 어느 날, 복도에서 아이의 담임 선생님이 저를 붙잡고 기쁨에 넘친 목소리로 말했습니다. "그 애가 웃었어요! 그 아이가 웃는 걸 처음 봤어요!" 선생님의 얼굴에는 환한 미소가 가득했습니다. 그 후, 아이는 다시 한번 자신의 모습을 그렸습니다.

아이가 자신을 바라보는 시선이 이토록 변했다는 사실이 놀라웠습니다. 이제 아이는 자신을 '괴물'이 아닌 '한 사람'으로 보기 시작한 것입니다.

아이에게는 여전히 화가 남아있지만(그림 속에 치아가 아직 남아있었죠), 이 그림을 보며 저는 아이가 치유의 길로 들어섰음을 느낄 수 있었습니다.

몇 달 후, 아이는 충격적인 고백을 했습니다. 형이 자신을 성적으로 학대해 왔다는 것이었죠.

이 사실은 즉시 아동보호서비스에 신고되었고, 결국 형은 집에서 분리되었습니다. 안타깝게도 이 과정에서 또 다른 상처가 남았습니다. 비록 완벽하지 않은 가정이었지만 아이에게는 그나마 익숙한 공간이었는데, 이제 그 가정이 산산조각 나는 듯한 혼란을 겪게 된 것입니다.

아이가 집에서 겪은 학대를 알게 되자, 아이의 행동이 더욱 이해되었습니다. 아이는 매일 뇌의 아랫부분이 활성화된 상태로 반응하며 살아가고 있었고, 위협을 느낄 때마다 '싸우거나, 도망치거나, 얼어붙는' 방식으로 대응했습니다. 그리고 늘 '싸우는 아이'였죠.

트라우마 전문가 브루스 페리(Bruce Perry)는 "위협을 많이 받을수록, 우리의 행동은 더욱 원초적으로 변한다"라고 말했습니다.

아이들을 대할 때 우리는 이 점을 항상 기억해야 합니다. 아이들은 지금 이 순간, 자신이 할 수 있는 최선을 다하고 있습니다.

우리는 아이들에게 무슨 일이 벌어지는지, 머릿속에 어떤 생각이 오가는지, 아이들이 사는 세상이 어떤 모습인지 온전히 알 수 없습니다.

그렇지만 아이들이 자신의 감정을 행동으로 표현하는 것에는 주의를 기울일 수 있습니다. 많은 부모님들이 상담을 찾는 이유 중 하나는 아이들이 여름 캠프나 친구 집에서 하룻밤을 보낸 뒤 달라 보였기 때문입니다. 행동이 변하고 예전 같지 않아 보이는데도 아이들은 아무 일 없었다고 말하죠. 단순한 기분 변화일 수도 있지만, 부모는 본능적으로 뭔가 달라졌다는 것을 감지합니다.

많은 아이들은 자신의 감정을 말로 정확히 표현할 만큼 성장하지 않았습니다. 그래서 행동이 곧 언어가 됩니다. 그러므로 행동이 달라진다면, 그 신호를 놓치지 말고 주의 깊게 살펴봐야 합니다.

어떤 아이들에게는 우리가 유일하게 안전한 어른일 수 있습니다. 부모가 보호자 역할을 하지 못하거나, 형제자매나 친척들마저 아이에게 위협이 되는 경우도 있기 때문입니다.

이런 아이들은 무조건적인 사랑과 존중을 받는다는 게 어떤 느낌인지 전혀 모를 수 있습니다. 어쩌면 우리가 처음으로 그것을 보여주는 사람이 될 수도 있죠. 그리고 이 과정에는 시간이 필요합니다. 앞서 이야기한 아이도 자신의 상처를 털어놓기까지 6개월이 넘는 시간이 걸렸습니다.

어떤 아이들은 더 오랜 시간이 지나야 마음을 열기도 합니다. 그래서 인내심을 갖는 것이 중요합니다. 상처나 힘든 경험을 털어놓는다는 건 자신을 있는 그대로 드러내야 하는 일이고, 누군가에게는 그것이 너무나 두렵고 어려운 일일 수 있기 때문입니다.

시간이 흐르면서 아이들이 안전하다고 느낄 수 있는 환경을 만들어준다면, 우리는 아이들의 뇌 활동이 아랫부분에서 윗부분으로 이동할 수 있도록 도울 수 있습니다. 아이들이 긴장을 풀고 편안함을 느낄 때, 혈류가 다시 뇌의 위쪽으로 흐르게 됩니다. 그 결과 더 명확하게 생각하고 감정을 조절할 힘이 생기죠.

그리고 뇌의 윗부분을 활용하는 시간이 많아질수록, 아이들은 감정을 더욱 안정적으로 다스리고 생각을 정리하는 능력을 키워나가게 됩니다. 우리가 아이들에게 안전한 존재가 되어준다면, 아이들은 다른 사람들과의 관계에서도 어떤 사람이 '안전한 존재'인지 알아가는 법을 배우게 됩니다.

안전한 어른과 함께하는 경험은 아이들의 뇌 속에 연결, 이해, 그리고 무조건적인 사랑을 받아들이는 새로운 신경 경로를 만들어주기 때문입니다.

정신 건강 상태

어떤 아이들은 태어날 때부터 정신 건강에 영향을 주는 특별한 신경 구조를 갖고 태어납니다. 이런 아이들은 충분한 사랑과 지지를 받고 있음에도 행복을 느끼기 어려울 때가 많습니다. 이는 꽤 흔한 경우인데, 많은 어른들이 이런 상황에 답답함을 느끼기도 합니다.

최근 한 어머니와 대화를 나눴는데, 그분은 아들의 우울한 기분에 대해 속상한 마음을 털어놓았습니다. "얘는 그냥 감사할 줄을 모르는 것 같아요. 좋은 학교 다니고, 부모 관심도 충분히 받고, 친구도 많고, 좋은 동네에 살면서도 전혀 행복해 보이지 않아요." 그리고 덧붙이셨죠. "지난 주말에 생일 파티를 했는데, 그때도 행복했는지 의심스러워요."

그 아이를 더 깊이 알아갈수록, 저는 아이가 우울증을 겪고 있다는 사실을 알게 되었습니다. 아이가 일부러 불행을 선택한 게 아니었어요. 아이의 뇌가 코르티솔이라는 스트레스 호르몬을 지나치게 많이 분비하고 있었던 겁니다.

코르티솔이 뇌에 미치는 영향

코르티솔은 뇌에서 분비되는 스트레스 호르몬으로, 기분, 의욕, 두려움 같은 감정에 영향을 줍니다. 기분을 조절하는 세로토닌을 감소시키고, 통증에 대한 민감도를 낮추며, 면역 체계를 억제하는 역할을 합니다.

아이들에게 코르티솔이 과도하게 분비되면 다음과 같은 현상이 나타날 수 있습니다.

- 불안과 우울
- 낮은 자존감
- 부정적인 사고방식
- 강박적인 생각
- 과도한 기억력 활성화

이러한 증상들을 보면 과도한 코르티솔이 아이들의 뇌에 얼마나 큰 영향을 주는지 알 수 있습니다. 이 목록에서 유일하게 긍정적으로 보이는 것이 '과도한 기억력 활성화'일 텐데요. 이것이 아이들과의 관계에서 어떤 부정적인 영향을 미칠 수 있는지 설명해 드리겠습니다.

어떤 아이가 "선생님이 공원에 데려가 주기로 약속하셨잖아요!"라고 말합니다. 사실 공원에 가자는 이야기는 일주일 전쯤 바쁜 와중에 스쳐 지나간 대화였을 수 있습니다. 하지만 코르티솔 수치가 높은 아이는 그 순간을 또렷이 기억하고 있죠.

이런 과도한 기억력과 집중력을 가장 잘 설명할 수 있는 비유는 '먼지 롤러'입니다.

먼지 롤러를 바지에 굴리면 작은 먼지 하나까지 모두 달라붙는 것을 볼 수 있죠.

코르티솔 수치가 높은 아이들의 사고방식이 바로 이와 비슷합니다. 이런 아이들은 모든 것을 기억합니다. 모든 대화, 대화의 사소한 부분까지, 누가 어떤 말을 했는지, 심지어 지켜지지 않은 약속들까지도 말이죠. 이런 아이들의 뇌는 늘 경계 태세를 유지하며, 혹시라도 나중에 필요할지 모르는 정보를 놓치지 않으려 합니다.

이렇게 과도한 기억력을 가진 사람과 함께 지내는 것도 쉽지 않지만, 그런 상태로 살아가는 것은 훨씬 더 힘든 일입니다. 우리가 하루 동안 겪은 모든 일을 기억해야 한다고 생각해 보세요. 출근길에 본 풍경, 오늘 마신 커피의 맛, 동료와 나눈 짧은 대화까지. 이렇게 뇌의 저장 용량을 하루 종일 최대치로 사용해야 한다면, 그것만으로도 무척 피곤한 일이 될 거예요.

더 큰 문제는 이런 아이들이 밤에도 충분한 휴식을 취하지 못한다는 점입니다. 대부분의 사람들은 잠을 자는 동안 그날의 기억을 정리하며, 필요한 정보만 남기고 나머지는 자연스럽게 잊어버립니다. 이런 과정이 원활히 이뤄지기 때문에 수면은 우리의 생존에 꼭 필요한 것이죠. 하지만 많은 아이들(그리고 어른들)은 너무 많은 정보를 머릿속에 쌓아둔 채 밤을 보내며, 제대로 쉬지 못하는 경우가 많습니다.

제가 네 살 때였습니다. 한밤중에 울면서 엄마를 깨웠죠. "아기 낳기 싫어요!" 엄마는 제가 무슨 말을 하는지 이해하지 못했지만, 침대에서 일어나 저를 달래주었습니다. 제가 흐느끼며 말하는 동안, 엄마는 몇 주 전 있었던 일을 떠올렸어요. 사촌이 제게 "아기를 낳을 때 엄청 큰 주사를 맞아야 해"라고 말했던 일이었죠. 그때는 유치원에서 예방접종을 맞아야 할 시기였고, 저는 이미 주사에 대한 걱정으로 긴장해 있었죠. 거기에 사촌의 말까지 더해져 불안이 더욱 커졌던 거죠. 아마 저는 그때부터 이 불안을 억누르려 애썼을 겁니다.

결국 그 두려움이 한밤중에 저를 깨워버린 것이죠. 어릴 때 제 뇌에는 코르티솔이 과도하게 분비되고 있었기 때문에, 저는 주변에서 들은 모든 정보를 빨아들이고 사소한 것까지 기억하는 아이였습니다. 지금도 저는 어린 시절의 기억을 선명하게 떠올릴 수 있죠.

여기서 중요한 점은, 코르티솔이 기억력을 높여주기는 하지만 긍정적인 경험보다 부정적인 경험을 훨씬 더 강하게 각인시킨다는 사실입니다.

'반쯤 비어 있는 유리잔' 사고방식

코르티솔 수치가 높은 아이들은 어떤 상황에서든 긍정적인 면보다 부정적인 면을 먼저 보는 경향이 있습니다. 원하는 것을

모두 가져도 결국에는 '충분하지 않다'라고 느끼곤 하죠.

이런 아이들은 행복을 느끼기 어려워하고, 자신의 능력을 믿지 못하며, 즐거운 경험이나 다른 사람들과 함께하는 기쁨을 오래 간직하지 못합니다. 크고 작은 성공을 이뤄내더라도 그 순간의 기쁨이 오래가지 않죠.

게다가 자신의 상황이 나아질 거라는 희망을 갖지 못하고, 어른들도 자신을 도와줄 수 없다고 느끼는 경우가 많습니다.

이런 아이들에게는 다음과 같은 방법으로 도움을 줄 수 있습니다.

● 아이들의 태도, 기분, 세상을 바라보는 방식이 그들의 선택이 아니라는 점을 이해해 주세요. 아이들의 뇌가 과도한 코르티솔의 영향으로 그렇게 작동하는 것일 뿐입니다. 따라서 아이들이 이를 스스로 조절하기 어렵다는 점을 받아들여야 합니다.

● 아이들의 감정에 공감하고, 그 감정을 억지로 바꾸려 하지 마세요. 아이들이 슬픔, 실망, 실패 같은 부정적인 감정을 표현할 때는 "그렇게 느낄 만도 하네"라고 반응하며, 아이들의 감

정을 있는 그대로 인정해 주는 것이 중요합니다.

● 부정적인 감정을 다루는 방법을 아이들과 함께 찾아보세요.

다음은 이러한 방법들을 구체적으로 보여주는 예시입니다.

부모의 이런 반응은 아이에게 전혀 도움이 되지 않습니다. 부모가 아이의 감정에 먼저 공감해주지 않고, 바로 아이의 생각과 감정을 바꾸려 했기 때문이죠.

다음은 이런 상황을 다루는 더 효과적인 방법입니다.

부모의 이런 반응은 효과적입니다. 부모가 먼저 아이의 감정에 공감하면, 아이는 자신의 슬픈 감정을 인정받았다고 느끼고 차츰 감정을 조절할 수 있게 됩니다.

세로토닌(SEROTONIN)

코르티솔이 스트레스 호르몬이라면, 세로토닌은 기분을 좋게 해주는 호르몬입니다. 세로토닌은 우리가 사물의 밝은 면을 볼 수 있게 해 주기 때문에 불안과 우울증 치료제의 핵심 성분이기도 합니다.

　세로토닌이 충분히 분비되는 아이들은 어려운 환경에서도 잘 이겨내는 모습을 보입니다. 힘든 경험이 그들에게 큰 영향을 주지 않는 것처럼 보이기도 하죠.

　이는 유전적으로 세로토닌을 더 많이 분비하는 아이들이 감정을 조절하고 어려움을 극복하는 능력이 더 뛰어나기 때문입니다.

　저는 큰 상처를 겪고도 밝고 긍정적인 태도를 잃지 않는 아이들을 많이 만났습니다. 고인이 되신 제 할아버지도 그런 분이셨죠. 할아버지의 아버지는 알코올 의존증이 있었고, 할아버지의 어머니가 사실상 홀로 자녀들을 키우셨습니다. 그럼에도 불구하고 할아버지는 어린 시절을 좋은 추억으로 기억하셨습니다. 젊었을 때는 철도 노동자로 일하면서 샌드위치 살 돈조차 없어, 승객이 먹다 남긴 사과 하나로 끼니를 때우기도 하셨지만요.

　할아버지는 어른이 되어서도 어린 시절이나 가난했던 삶을 원망하지 않으셨습니다. 오히려 그 속에서 좋은 면을 찾아내셨죠. 여든이 넘어서도 늘 재미있는 이야기를 들려주셨고, 그 속에는 언제나 희망이 담겨 있었습니다. 제가 아는 한 할아버지는 기분 전환을 위해 약을 드신 적도 없고, 명상이나 요가에 시간을 들이지도 않으셨습니다.

그저 '반이나 찬 유리잔'을 보는 분이었고, 그건 타고난 기질 덕분이었습니다.

세로토닌은 아이들이 행복하고 낙관적인 태도를 유지하는 데 도움을 주지만, 반대로 학업, 운동, 여러 활동에서의 동기를 낮추는 요인이 되기도 합니다. 이런 아이들의 부모님들은 종종 "우리 아이가 조금만 더 걱정했으면 좋겠어요!"라고 말씀하시죠.

우리 사회는 행복한 사람보다 많은 성취를 이루는 사람에게 더 큰 가치를 둡니다. 그래서 아이들이 스스로를 밀어붙이지 않거나 최고가 되기 위해 노력하지 않을 때, 부모님들은 불안해하기 시작하죠.

한 십 대 소년을 상담한 적이 있습니다. 그 아이는 재능 있는 수영 선수였고, 18세가 되면 올림픽 출전 자격을 얻을 가능성이 매우 높았습니다. 그런데 아이는 15세가 되던 해, 수영을 그만두기로 결정했죠. 코치들은 충격을 받았고, 부모님도 믿을 수 없어 했습니다. 부모님은 아들이 올림픽 무대에서 경쟁하는 모습을 꿈꿔왔지만, 그건 어디까지나 부모님의 꿈이었지 아이의 꿈은 아니었습니다.

아이는 제 상담실에서 이렇게 말했습니다. "더 이상 재미가 없어요. 즐거웠지만, 그리워할 것 같지는 않아요. 저는 그냥 고등학교 생활을 즐기고 싶어요." 그리고 그걸로 끝이었습니다. 아이는 수영을 그만뒀고, 한 번도 뒤돌아보지 않았습니다.

세로토닌 수치가 높은 아이들은 지금 가진 것에 만족하며 살아갑니다. 꼭 최고가 될 필요가 없고, 행복이 성취에 좌우되지 않죠. 이런 아이들은 그저 아침에 눈을 뜨는 것만으로도 충분합니다. 하루가 완벽하지 않더라도 그날을 즐길 수 있죠.

이런 사고방식이 이상적으로 보일 수 있지만, 그렇다고 외부의 압박이 없는 것은 아닙니다. 아이들이 스스로 행복을 느끼고 있더라도, 부모님들은 여전히 더 노력하기를 바라며 아이들을 밀어붙이기 때문이죠. 선생님과 코치들은 아이가 가진 잠재력을 최대한 발휘하지 않는다며 답답해할 수도 있고요. 이 세상은 세로토닌 수치가 높은 아이들의 이런 '만족'을 단점으로 볼 수도 있지만, 이런 아이들은 다른 사람들이 필요로 하는 것들을 꼭 원하지 않을 수 있습니다. 오히려 다른 사람들이 놓치는 순간 속에서도 좋은 점을 찾아낼 수 있는 힘을 갖고 있죠.

우리가 어떤 뇌 화학적 특성을 타고났든, 그것은 우리가 선택한 게 아닙니다. 아이들도 자신의 부정적인 사고방식을 선택한 것이 아니며, 지나치게 긍정적인 태도 또한 일부러 선택한 것이 아닙니다. 그저 타고난 뇌의 구조일 뿐이죠.

어른으로서 우리는 이 사실을 이해하고, 아이들을 있는 그대로 받아들여야 합니다. 어떤 아이들은 불안해하며 성취를 위해 끊임없이 노력하는 유형일 것이고, 어떤 아이들은 느긋하게 평범한 성적을 유지하는 학생일 수도 있습니다.

모두가 세상을 바라보는 방식이 다릅니다. 각자 행복을 느끼는 정도, 동기를 부여받는 방식, 세상을 해석하는 시각도 저마다 다르죠. 우리가 아이들에게 알려주어야 할 것은 그들이 지금 이대로 충분히 특별하고 소중한 존재라는 사실입니다.

세 가지 법칙

수년간 많은 부모님들과 선생님들, 그리고 상담사들이 저에게 한 질문이 있습니다. "언제 아이에게 도움을 주어야 할까요?" 이 외에도 어떤 신호들을 주의 깊게 살펴봐야 하는지, 또 그냥 기다리기보다 언제 개입해야 하는지 알고 싶어 하죠.

저는 이 질문에 대해 여러 가지 방식으로 설명해 왔습니다만, 지금부터 소개해드릴 방법이 아이에게 필요한 것을 파악하고 적절한 때에 도움을 요청하는 가장 쉽고도 효과적인 기준이 될 것 같습니다.

아이들의 삶에는 세 가지 주요 영역이 있습니다. 가정, 학교 그리고 친구 관계입니다. 아이에게 어려움이 있을 때, 이렇게 자문해 보세요. "지금 이 문제가 이 세 가지 영역 중 몇 군데에 부정적인 영향을 미치고 있을까?"

예를 들어, 샐리는 불안을 겪고 있고, 부모님은 샐리를 걱정하고 있습니다. 샐리의 행동은 아래와 같습니다.

● 가정에서는,
  - 저녁 내내 엄마를 따라다니며 내일이 걱정된다고 말합니다.
  - 학교에 가지 않고 집에 있고 싶다고 계속 조릅니다.
  - 엄마는 저녁 시간이 샐리의 불안으로 가득 차는 것 같아 점점 지쳐갑니다.

● 학교에서는,
  - 하루에도 여러 번 보건실에 가려고 합니다.
  - 배가 아프거나 두통이 있다고 호소하며 수업에 집중하지 못합니다.
  - 교실에서도 소극적인 태도로 수업 활동에 잘 참여하지 않습니다.

● 친구 관계에서는,
  - 쉬는 시간에 다른 아이들과 어울리지 않습니다.
  - 운동장에서 아이들이 놀 때 혼자 떨어져 앉아 있을 때가 많습니다.
  - 또래 친구들과 즐겁게 어울리는 모습을 거의 볼 수 없습니다.

그렇다면 샐리를 지탱해 주는 것은 무엇일까요? 어디서 안도감을 느낄 수 있을까요? 이 힘든 상황 속에서 의지할 만한 것이 있을까요?

안타깝게도, 아무것도 없습니다. 샐리는 마치 구명조끼 없이 거친 바다 한가운데 홀로 떠 있는 상태와 비슷합니다. 지금 아이에게는 가족과 학교, 상담사의 적극적인 도움이 절실히 필요한 상황입니다.

하지만 이런 상황에서도 도움이 늦어지는 경우가 많습니다. 부모님은 너무 오래 기다리고, 상담사는 "아직 외부 도움까지는 필요 없다"라고 하며, 선생님들은 "시간이 지나면 괜찮아질 거야"라며 넘어가기도 합니다. 그렇게 시간이 흐르는 동안 아이의 어려움은 계속되고 이런 상황은 샐리에게 전혀 도움이 되지 않습니다.

아이들이 초기에 도움을 받지 못하면 아래와 같은 변화가 나타날 수 있습니다.

● 자신감을 잃고 자존감이 점점 낮아집니다.
● 가족과 친구들과의 거리가 점점 멀어집니다.

● 스스로를 '일상적인 어려움조차 해결하지 못하는 사람'이라 여기게 됩니다.

최근 저는 초등학교 때부터 불안과 강박장애를 겪어온 17세 소녀와 상담을 했습니다. 그동안 부모님은 아이에게 낙인이 찍힐까 봐 상담을 받게 하지 않았고, 학교에서도 아이가 주목을 받을까봐 개입하지 않았습니다. 그러는 사이 너무 오랜 시간이 흘러버렸고, 아이는 성장 과정에서 중요한 발달 단계들을 놓치고 말았습니다. 또래 친구들과 어울리는 게 불편하고, 집을 떠나 대학에 가는 건 상상조차 할 수 없으며, 자신이 불안하다는 사실이 알려질까 봐 다가오는 사람들조차 밀어내고 있습니다.

조기 개입을 '양파'에 비유해 생각해 보면 좋을 것 같습니다.

양파를 반으로 자르면 중심을 둘러싼 여러 겹의 층이 보입니다. 한 겹씩 여러 층이 쌓여 있고, 속까지 닿으려면 한 겹씩 벗겨내야 하죠. 정신 건강 문제를 가진 아이들에게 일찍 개입하지 못하면 이와 비슷한 일이 일어납니다. 문제가 해결되지 않은 채 방치되면, 건강하지 않은 습관과 부정적인 패턴들이 겹겹이 쌓이게 되는 것이죠.

제가 7세 아이의 불안이나 우울을 상담하게 될 경우(보통 증상이 시작되는 나이입니다), 걱정 같은 감정을 알아차리는 방법을 가르치고 대응 방법을 익히도록 도와주면, 약 6회의 상담만으로도 큰 진전을 보이는 경우가 많습니다.

하지만 같은 아이가 중학교나 고등학교까지 도움을 받지 못하면 상황은 크게 달라집니다. 그때 개입하려면 오랜 시간 쌓인 고민과 불행, 부정적인 인간관계, 낮아진 자존감 등 이미 형성된 수많은 층을 하나씩 벗겨내야 하기 때문입니다. 그래서 조기 개입은 유전적 요인과 환경적 영향을 극복하는 가장 중요한 열쇠가 됩니다.

돌아보기

- 50% 법칙은 당신의 삶에 어떻게 적용되나요?
  - 어떤 기질을 타고났나요? (유전적 요인)
  - 어린 시절 어떤 경험을 하며 자랐나요? (삶의 경험)

_____

_____

_____

- 자신의 정신 건강을 위해 어떤 노력을 하고 있나요?

_____

_____

_____

- 부정적인 생각을 자주 하는 아이를 떠올려보세요. 그 아이의 감정에 공감하기 위해, 아이의 말을 반박하지 않고 어떤 대화를 나눌 수 있을까요?

_____

_____

_____

3장

학교에서 아이들의 감정 관리를 돕는 방법

어떤 아이들에게 학교는 삶에서 유일하게 안전한 공간입니다. 규칙적인 환경, 믿을 만한 어른들, 명확한 기준, 그리고 예측 가능한 일상을 제공하기 때문이죠. 특히 가정에서 불안정을 겪는 아이들에게 학교의 이런 환경은 큰 안정감을 줍니다. 집에서는 늘 긴장해야 하지만, 학교에서는 자신이 안전하다는 걸 알고 잠시나마 편안함을 느낄 수 있기 때문이죠.

이런 아이들은 학업 성적이 뛰어나지 않을 수도 있고, 사회성이 좋지 않을 수 있지만 적어도 학교에 있는 동안은 자신이 어디에 속해 있는지 분명히 알고 있습니다. 그래서 학교에 가는 것이

이들에게는 안도감을 주며, 오히려 매일 학교에 가고 싶어 합니다. 학교는 가정에서 채워지지 않는 '안정감'을 느낄 수 있는 공간이기 때문입니다.

어떤 아이들에게는 학교가 스트레스의 원인이 되기도 합니다. 학교에는 규칙과 요구 사항, 기대치가 있어서 많은 아이들이 이 모든 것을 감당하기 힘들어 하기도 합니다.

한 교실에 20~30명의 학생이 있다면, 교사들이 모든 학생들의 요구를 모두 충족시키기는 쉽지 않습니다. 때때로 규칙을 어긴 아이들은 빠르게 제재를 받게 되는데, 이는 교사들이 아이들을 제대로 돌보지 못하는 것이 아니라 한 아이의 문제 행동으로 다른 학생들이 피해 보는 것을 막기 위해서입니다.

학교는 어떤 아이들에게는 안정을 주는 공간이 될 수 있지만, 다른 아이들에게는 압박과 부담을 주는 곳이 될 수도 있는 것입니다.

제 경력 초반, 초등학교 2학년 담임교사로 일하면서 이런 긴장감을 직접 겪었습니다. 교실에서 모든 아이들이 감정적으로 필요로 하는 것을 전부 채워주는 건 사실상 불가능했기 때문에 개별적 접근보다는 집단적 접근 방식을 택할 수밖에 없었습니다. 한두 명의 아이에게 맞추기보다는 전체 학급을 위한 최선의 선택을 해야 했고, 시간이 부족해 다른 방법을 시도할 여유도 없었습니다.

 이후 학교 상담사가 되어서야 저는 학생들과 더 많은 시간을 보낼 수 있었고 일대일로 시간을 보내며 아이들의 내면을 깊이 이해할 수 있었죠. 학교에 대한 불만, 수업의 어려움, 친구 관계의 고민, 가정에서의 문제들. 이야기를 듣다 보니 아이들이 왜 학교에서 그런 행동을 하는지 이해할 수 있었습니다.
 그제야 아이들의 세계를 들여다볼 수 있는 창이 열린 느낌이었고, 아이들이 더 나은 모습으로 성장하도록 돕는 방법을 찾을 수 있었습니다. 뿐만 아니라 교사들에게도 아이들을 더 잘 이해하고 도울 수 있는 방법을 전할 수 있게 되었죠.

 학교 상담사로 일하면서 힘든 점도 있었습니다. 상담사로 일하면서도 여러 역할을 동시에 수행해야 했는데, 이는 학생들과 개별적으로 시간을 보내는 데 방해가 되었습니다. 어떤 날은 대체 교사로 수업을 맡고, 또 어떤 날은 급식실에서 아이들을 도왔

으며, 아침저녁으로는 주차장에서 교통정리를 하고 복도에서 학생들의 질서를 관리하기도 했습니다.

게다가 인성 교육 수업을 맡아 하루에 많게는 여섯 반의 수업을 진행하기도 했죠. 이 과정에서 저는 깨달았습니다. 아이들을 판단하지 않고 있는 그대로 받아들이는 '안전한 존재'가 되는 동시에, 교실에서 질서를 유지하며 학급을 운영하는 일이 얼마나 어려운지 말입니다.

특히 기억에 남는 한 학급이 있습니다. 매주 수요일, 저는 유난히 다루기 어려운 반을 맡아야 했고, 그 수업이 다가올 때마다 두려웠습니다. 학교 상담사로서 학생들에게 감정 조절 방법을 가르쳐야 했지만, 이 반에서는 제 인내심이 한계에 다다랐습니다. 담임 선생님조차 학급을 통제하지 못하는 상태였고, 아이들이 제 상담실로 올때는, 복도를 걸어오면서 웃고 떠들며 다른 반 수업을 방해하는 소리가 들렸습니다. 상담실 앞에 줄을 서기 전에는 늘 한 아이가 다른 아이를 밀어 넘어뜨리는 일이 발생했고, 그때부터 상황은 혼돈에 빠지곤 했죠. 그 아이들에게 의미 있는 것을 가르치는 게 거의 불가능하게 느껴졌습니다. 솔직히 말해 그때 제 목표는 단 하나였습니다.

'이 수업을 무사히 끝내기만 하자.'

그러던 어느 날, 저는 새로운 시도를 해보기로 했습니다. 가장 문제를 많이 일으키던 아이를 도우미로 지목했고, 그 아이를 따라다니며 부정적인 행동을 하던 또 다른 아이를 두 번째 도우미로 선정했습니다. 교실에서 그들이 가진 영향력을 긍정적으로 활용해 보기로 한 것이죠.

사실 이 접근법은 저에게 처음이 아니었습니다. 담임교사로 일할 때도 아이들에게 기대하는 바를 바꾸면, 아이들이 그 기대에 맞춰 변화한다는 경험을 했기 때문입니다. 저는 그동안 이 두 아이가 수업을 방해할 거라고 늘 예상했었죠. 그들의 담임 선생님도 마찬가지였습니다.

그래서 저는 그 패턴을 바꿔보기로 했습니다. 그 아이들에게 '방해꾼'이 아닌 '리더'가 될 것을 기대한 것이죠.

수업 시작 전, 저는 깊게 숨을 들이쉬며 스스로에게 말했습니다. "나는 최선을 다하고 있어. 이 아이들도 최선을 다하고 있어." 저는 수년 동안 이 말을 되뇌며, 마치 평온을 위한 기도처럼 아이들과의 상담에서 활용해 왔습니다.

그날, 제가 선택한 두 학생은 자신들이 리더가 되었다는 사실에 놀랐습니다. 그리고 예상보다 훨씬 더 책임감 있게 행동했죠. 우리는 함께 훌륭히 수업을 마쳤고, 교실 분위기도 놀랍도록 달라졌습니다. 여기서 변한 것은 아이들이 아니라, 바로 저였습니다.

학교에서 우리는 아이들과 함께 어려운 상황을 자주 맞닥뜨립니다. 아이들은 규칙을 어기고 감정이 폭발하기도 하고, 그럴 때면 우리 역시 격한 감정에 휘말리게 되죠. 이런 부정적인 패턴이 반복되다 보면 우리도 그 흐름에 휩쓸리기 쉽지만 이런 패턴을 깨고 새로운 방식으로 접근해볼 수도 있습니다.

다음은 교실에서 흔히 일어나는 상황의 예시입니다.

아이가 종이 뭉치를 교실 반대편으로 던졌다면...

이런 대화 방식은 전혀 효과적이지 않습니다. 아이는 감정이 폭발해 자신의 행동을 인정하려 하지 않고, 그러는 동안 교사도 감정적으로 반응하게 됩니다. 이런 패턴이 반복되면 결국 아이는 교무실로 보내지고, 교사는 수업에 집중하기 어려워지죠.

다음은 같은 상황을 더 효과적으로 다루는 방법입니다.

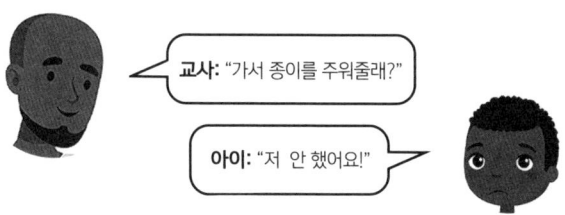

이때 교사는 잠시 멈추고 한 걸음 물러서서 스스로에게 이런

질문을 던져봅니다.

- 아이가 지금 감정을 조절할 수 있는 상태일까?
- 이 아이가 전에도 감정이 폭발한 적이 있었나?
- 내 대응 방식이 아이의 행동 개선에 도움이 되고 있나?

아이가 감정 조절이 안 되거나, 전에도 감정이 폭발하는 패턴을 보였고, 현재 대응 방식이 효과가 없다면, 교사가 먼저 반응 패턴을 바꿔야 합니다. 이렇게 하는 것이 마치 아이를 '이기게 해주거나' 잘못된 행동을 그냥 넘어가는 것처럼 보일 수 있지만, 실제로는 전혀 그렇지 않습니다.

30분이 지나고, 아이는 종이를 던졌던 순간은 잊고 감정이 가라앉은 상태가 됩니다. 점심시간이 되어 모든 학생이 줄을 서서 교실을 나갈 때, 종이를 던졌던 아이에게 잠시 남아달라고 합니다. 아이는 당황한 표정을 짓습니다. 선생님이 그 일을 잊은 줄 알았기 때문이죠.

하지만 그렇지 않습니다. 교사는 감정을 다스리며 차분함을 유지했고, 이제야 적절한 방식으로 후속 조치를 취할 준비가 된 것입니다. 교실에는 이제 아이와 교사만 남았습니다. 감정적인 대립 없이 일대일로 차분하게 대화를 나눌 수 있는 기회가 온 거죠.

학생: "제가 뭘 했는데요?"
교사: "오늘 점심은 교실 뒤쪽 테이블에서 혼자 먹도록 하자."
학생: "뭐라고요? 왜요?"
교사: "점심 먹고 나서 이야기하자."

이렇게 하면 다음과 같은 효과적인 후속 조치가 이뤄집니다.

- **적절한 시점에 결과 제공**: 친구들과 어울릴 소중한 점심시간을 잃음으로써, 자신의 행동에 실제 결과가 따른다는 걸 경험하게 됩니다.

- **논쟁 없이 조치를 취함**: 아이가 종이를 던진 건 이미 확인된 사실이므로 굳이 아이가 그 사실을 인정할 필요 없이 차분하게 후속 조치를 취할 수 있습니다.

- **감정적으로 휘말리지 않음**: 즉각적으로 감정적 대응을 하지

않고 아이가 감정을 추스를 때까지 기다렸다가 조치를 취함으로써 아이가 자신의 행동에서 배울 수 있는 기회를 줍니다.

아이가 결과를 듣고 감정이 폭발하더라도, 교사는 여전히 적절한 시점에 효과적인 후속 조치를 제공한 것입니다.

어떤 아이들은 무슨 처벌을 받든 감정이 폭발할 수 있습니다. 혼나는 경험 자체가 강한 감정의 방아쇠가 될 수 있기 때문이죠. 즉, 어떤 결과든 받아들이기 전에 감정이 폭발할 가능성이 큽니다.

잠시 생각할 시간을 가진 후 적절한 결과를 전달하면, 아이가 쏟아내는 감정의 파도에 더 단단히 맞설 수 있을 것입니다.

학교에서 감정이 폭발한 아이들과 상호작용하는 방법

학교에서는 매일, 모든 교실에서 감정이 폭발하는 아이들이 있습니다. 우리가 알아차리지 못하더라도 조용히 그런 감정을 겪고 있을 수 있죠.

어떤 아이들은 겉으로 아무 반응을 보이지 않지만, 속으로는 강한 감정의 소용돌이를 경험하고 있습니다. 이런 아이들은 보통 배가 아프고, 머리가 아프다고 호소하거나, 심하게 산만해지거나, 내면의 감정을 스스로 해결하려 애쓰지만 쉽게 풀지 못합니다.

이 아이들은 겉으로 감정을 드러내지 않아 눈에 잘 띄지 않지만, 그렇다고 그들의 감정이 덜 강렬한 것은 아닙니다.

어떤 아이들은 감정이 폭발할 때 더 뚜렷하게 표현합니다. 소리를 지르거나, 물건을 던지거나, 다른 학생들의 수업을 방해하기도 합니다.

아이들이 어떤 방식으로 반응하든, 아이들의 감정이 폭발한 순간에는 다르게 접근해야 합니다. 이 순간에 아이들은 무슨 일이 벌어졌는지 논리적으로 이해할 수 없고, 상황을 해결할 방법을 찾기 어려우며, 이성적으로 생각하는 것이 불가능하기 때문입니다.

따라서 우리는 아이들에게 기대하는 바를 조정하고 인내심을 가져야 합니다. 아이가 행동에 따른 결과를 받지 않아도 된다는 뜻이 아닙니다. 감정이 폭발한 상태에서는 어떤 결과도 교훈으로 받아들일 준비가 되지 않기 때문이죠.

행동에 따른 결과는 같은 행동이 반복되지 않도록 막는 역할을 해야 하지만, 아이가 감정이 폭발한 상태에서 결과를 받으면 왜 그런 결과가 주어졌는지조차 이해하지 못할 수 있습니다.

아이가 감정을 조절할 수 있는 상태가 된 후에 결과를 주어야 그것이 행동을 변화시키는 효과를 가져옵니다.

위 사례에서 교사가 반응을 멈추고 잠시 생각한 그 순간이 가장 중요한 '전환점'이었습니다.

'전환점'이란 아이의 행동에 대한 반응 방식을 바꿀 수 있는 결정적인 순간을 말합니다. 지금까지 같은 방식으로 대응해 왔더라도, 다음에는 이 전환점을 활용해 다른 반응을 선택함으로써 아이의 행동 패턴도 바꿀 수 있습니다.

이제 전환점을 활용한 효과적인 대응 방법을 살펴보겠습니다.

이 순간이 바로 '전환점'입니다. 아이의 감정이 이미 폭발했기 때문에 시험에 대해 더 이야기하는 것은 도움이 되지 않습니다. 게다가 다른 학생들은 시험을 기다리고 있는데, 이 아이는 소란을 피우며 수업을 방해하고 있는 상황이죠. 그렇다면 교사가 선택할 수 있는 최선의 방법은 무엇일까요?

1. 시험지를 그냥 아이 책상에 놓는다.
2. "모든 학생들이 시험을 알고 있었다"라고 강조하고, 다른 학생에게 확인해 달라고 요청한다.
3. 시험지를 아이의 책상에 놓지 않고, 수업 후 따로 이야기를 나누자고 한다.

　1번과 2번은 오히려 상황을 더 악화시킬 가능성이 높습니다. 아이는 이미 감정이 폭발한 상태이므로, 시험을 강제로 보게 하는 것은 전혀 도움이 되지 않죠.

　뇌의 작동 방식을 생각해 보면, 아이가 시험 내용을 알고 있더라도 감정이 폭발한 상태에서는 제대로 답을 적을 수 없습니다.

　따라서 3번이 가장 효과적입니다. 이 방법은 교사에게 단기적으로는 더 많은 노력이 필요하지만, 장기적으로 보면 아이의 학습과 감정 조절을 돕는 데 가장 좋은 방법입니다.

3번을 선택한 교사는 아이와 조용히 대화하며 이렇게 말할 수 있습니다. "우리 따로 시간을 정해서 시험을 보자. 지금은 조용히 할 수 있는 다른 활동을 찾아보렴." 교사는 아이가 시험 일정을 알고 있었는지 따질 필요가 없고, 시험에 대해 더 이상 논쟁할 필요도 없습니다

이 방법의 장점은 감정이 폭발한 아이에게 시간을 주어 마음을 진정시키도록 돕고, 교실 전체 분위기를 지키면서 수업을 원활하게 진행할 수 있다는 점입니다. 또한 아이에게 감정을 다스릴 기회를 주고, 장기적으로는 더 나은 학습 환경을 만들어줄 수 있습니다. 만약 이런 행동이 반복된다면, 아이의 패턴을 이해하고 미리 점검하는 방식으로 예방하면 됩니다. 예를 들어 "우리 시험이 언제지?"라고 미리 확인하는 질문을 던져 시험 일정을 상기시켜 주는 것이죠.

뇌를 재설정하기

감정이 폭발한 상태는 아이마다 지속 시간이 다릅니다. 어떤 아이들은 30초 만에 진정되지만, 어떤 아이들은 30분까지도 감정이 폭발한 상태가 이어질 수 있죠.

이때 꼭 기억해야 할 점이 있습니다. 아이가 감정이 폭발한 상태에서는 사건이나 결과에 대한 논의를 잠시 미뤄야 합니다. 아이가 뇌를 재설정할 수 있도록 돕는 시간이 필요하기 때문입니다. 다행히도 학교에서는 아이들이 감정을 조절하고 뇌를 재설정할 수 있도록 돕는 효과적인 방법들이 있습니다.

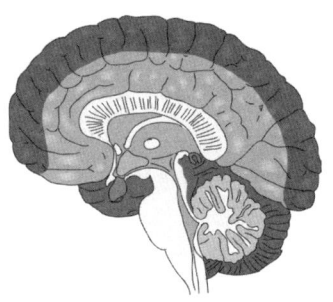

이미지를 보면 뇌의 윗부분으로 혈류가 다시 흐르는 모습을 볼 수 있습니다. 이는 오감(다섯 가지 감각)의 변화를 통해 일어나는 현상입니다. 감각이 활성화되면 뇌가 깨어나고 현재에 집중할 수 있게 됩니다.

감정이 폭발한 상태에서는 마음이 안갯속에 갇힌 것처럼 혼란스럽지만, 오감을 활용하면 그 안개가 걷히고 뇌가 다시 안정을 찾을 수 있습니다.

아래 표에서는 학교에서 아이들이 감정을 조절하고 뇌를 재설정하는 데 도움이 되는 방법을 소개합니다.

소리(청각)	냄새(후각)	맛(미각)	만지기(촉각)	보기(시각)
잔잔한 음악 듣기	아로마 오일 향	물 한잔 마시기	점토나	새로운 환경
차분한 목소리	자연의 향	민트나 사탕 먹기	밸크로 만지기	편안한 이미지
자연의 소리	방향제 사용	간단한 음식 먹기	찬물 만지기	안전한 사람

학교 상담사로 일을 시작했을 초기에, 감정이 폭발한 아이를 돕기 위해 교실로 호출된 적이 있습니다. 아이는 교탁 아래에 숨어 나오려 하지 않았습니다. 저는 나름 도움이 될 거라 생각한 방법을 시도했죠. "무슨 일이 있었니?", "나는 널 돕고 싶어.", "상

담실로 가서 둘이 이야기할까?" 하지만 아이는 다리를 뻗어 저를 밀어내려 했고, "날 내버려 둬!"라고 소리쳤습니다. 그리고 학교에 있는 모든 사람이 싫다고 말했죠.

저는 더 이상 어떻게 해야 할지 막막했지만, 어떻게든 아이를 안전한 공간으로 데려가고 싶었습니다. 그때 주머니 속 구겨진 젤리 봉지가 떠올랐습니다. 젤리 하나를 꺼내 손바닥 위에 올려놓고 아이에게 조용히 물었죠. "젤리 먹을래?"

그 순간 아이의 몸이 달라졌습니다. 더는 발길질도, 소리를 지르지도 않았죠. 조용히 제 손바닥 위 과자를 집어 갔습니다.

그다음 저는 가장 합리적인 선택을 했습니다. "하나 더 먹을래?" 아이는 고개를 끄덕였고, 교탁 아래에서 나와 제 뒤를 따라 상담실로 왔습니다.

아이들의 방해 행동에 먹을 것으로 보상을 주자는 게 아닙니다. 이 경험에서 중요한 것은 그 아이가 감정을 진정시킬 수 있었던 핵심이 '감각의 변화'였다는 점입니다.

그 변화는 젤리의 맛(미각)에서 시작되었습니다. 그리고 교실을 나와 상담실에 도착했을 때, 그곳에는 여러 감각적 요소들이 있었죠. 은은한 조명(시각), 라벤더 오일 향(후각), 클래식 음악(청각). 결과적으로 아이는 몇 분 만에 완전히 진정될 수 있었습니다.

아이들의 감각을 자극하는 것만으로도, 말 한마디 없이 또는 특별한 개입 없이도 아이들의 마음을 가라앉힐 수 있습니다. 학교에는 특정한 냄새가 있습니다. 식당에서는 음식 냄새가 나고, 체육관에서는 땀 냄새가 나며, 보건실에서는 소독약 냄새가 납니다. 이런 냄새들은 아이들에게 다양한 반응을 일으킬 수 있습니다.

당신의 공간은 어떤 모습인가요? 어떤 냄새가 나고, 어떤 소리가 들리며, 어떤 분위기인가요? 아이들이 편하게 앉을 수 있는 공간이 있나요? 잔잔한 음악이나 편안한 소리가 들리나요? 기분 좋은 향이 퍼지고 있나요?

어느 날, 감정이 자주 폭발하는 한 아이가 제게 이렇게 말했습니다. "선생님 상담실 냄새가 좋아요. 여기 들어오면 마음이 차분해져요."

공간 조성하기

공간을 어떻게 조성하느냐에 따라 아이들이 교실이나 상담실에서 무엇을 기대할지가 결정됩니다. 단순히 벽에 어떤 그림을 걸지, 가구를 어떻게 배치할지 고민하는 것을 넘어, 아이들이 그 공간에 들어서는 순간 뇌를 재설정해서 마음을 다시 정돈할 수 있도록 돕는 환경을 만드는 것이 중요합니다.

여러분의 공간에서 아이들의 오감을 어떻게 활용할 수 있을까요?

청각
_____
_____
_____
_____

후각
_____
_____
_____
_____

미각

_____
_____
_____
_____

촉각

_____
_____
_____
_____

시각

_____
_____
_____
_____

 사실 여러분들은 이미 아이들의 감각에 영향을 주고 있을지도 모릅니다. 스스로 의식하지 못했더라도, 공간에서 들리는 소리, 냄새, 분위기가 아이들의 행동과 감정에 영향을 미치고 있을 가능성이 크죠.

 제가 교생 실습을 할 때, 담임교사는 매일 아침 아이들이 교실에 들어올 때 클래식 음악을 틀었습니다. 이 음악은 아침 일과를 시작하고 자리에 앉아 활동을 준비할 시간이라는 신호였죠. 쉬는 시간이 되면 재즈 음악을 틀었는데, 그러면 아이들은 별다른 설명 없이도 자연스럽게 쉬는 시간이 왔다는 것을 알아차렸습니다.

음악 하나만 바뀌었을 뿐인데 아이들의 반응도 함께 변하는 모습이 신기했습니다. 말로 지시하지 않아도, 아이들은 소리를 듣고 자연스럽게 다음 일정에 맞춰 움직였죠.

몇 년 후, 학교 상담사로 일하면서 저도 상담실에서 클래식 음악을 틀기 시작했습니다. 제가 클래식 음악을 특별히 좋아하는 건 아니었지만, 가사가 없고 아이들이 평소에 자주 듣지 않는 장르였기에, 상담실에 들어서는 순간 아이들이 다른 공간에 온 것 같은 느낌을 받을 수 있도록 한 것이지요.

또한 문 바로 안쪽에 작은 책상을 하나 놓았습니다. 감정이 폭발한 아이들이 상담실에 들어오면, 이 책상에서 종이, 색연필, 연필 등 다양한 도구를 자유롭게 사용할 수 있게 했죠.

이때 저는 곧바로 아이와 대화를 시작하지 않았습니다. "잠시 후에 이야기하자"라고 말한 뒤, 제 자리에서 계속 일을 하면서 아이의 몸짓과 표정을 지켜보았습니다.

그리고 아이가 감정을 조절할 준비가 되어 보일 때, 그때서야 대화를 시작했죠. 이 방법을 시도하기 전까지는 감정이 폭발한 아이들과 바로 대화하려 했지만 대부분 좋은 결과를 얻지 못했습니다. 하지만 아이들이 몇 분 동안 조용히 앉아 그림을 그리거나 무언가를 하면서 시간을 보내면 자연스레 감정이 가라앉았고, 덕분에 더 효과적인 대화를 나눌 수 있었습니다.

아이들에게 탈출구 마련해 주기

우리는 상담실이나 교실에서 감각을 조절해 아이들의 뇌를 재설정하도록 돕는 방법을 배웠습니다.

그러나 문제의 원인이 교실 안에 있다면 어떻게 해야 할까요? 아무리 감각을 조절하려 해도, 아이들이 시험지나 특정한 냄새, 혹은 다른 학생 때문에 감정이 폭발한다면 환경 자체를 바꿀 필요가 있습니다.

저는 이를 '아이들에게 탈출구 마련해 주기'라고 부릅니다. 아이가 감정이 폭발할 때 잠시 교실 밖으로 나가 마음을 다스릴 수 있게 하는 거죠. 환경이 바뀌면 감각이 바뀌고, 그러면 감정도 조절될 수 있습니다.

복도에만 나가도 눈앞의 풍경이 달라집니다. 다른 냄새가 나고, 다른 소리가 들려 감정이 재설정될 수 있죠.

정수대에서 물을 마시면 미각이 달라지고, 화장실에서 손을 씻으면 차가운 물이 피부에 닿으며 촉각이 변화합니다. 이렇게 아이들에게 감정을 다스릴 기회를 주면, 단 5분 만에도 더 안정된 상태로 교실에 돌아올 수 있습니다.

제가 교사로 일할 때, 감정이 폭발한 학생들을 위해 큰 수저를 '복도 패스'로 활용하는 방법을 사용했었습니다.

두 학년 위 다른 교사와 미리 약속을 정해뒀죠. 아이가 큰 수저를 들고 그 교사의 교실로 가면, 그 교사는 미소를 지으며 "고마워"라고 말한 뒤 다시 제게 돌려보내기로 한 겁니다. 이 짧은 복도 걷기가 아이에게 감정을 다스릴 기회가 되었습니다.

그렇게 교실로 돌아온 아이는 훨씬 안정된 모습을 보였죠. 단 몇 분 동안 새로운 환경을 경험하는 것만으로도 감정 상태가 달라질 수 있습니다. 눈에 보이는 것(시각)이 바뀌고, 공기의 냄새(후각)가 달라지고, 걷는 동안 몸의 감각(촉각)이 변하고, 새로운 소리(청각)를 듣게 되면서 자연스레 감정이 가라앉습니다.

당시에는 감정 조절의 생물학적 원리를 몰랐지만, 단순히 몇 분 동안 교실을 떠났다가 돌아오는 것만으로도 아이들이 더 차분해진다는 걸 경험으로 알게 되었습니다. 그해 동안 저와 그 교사는 감정이 불안정한 아이들을 서로의 교실로 보냈다가 다시 돌려보내는 방식을 계속 사용했고, 이 방법은 정말 효과가 있었습니다!

상담 환경에서 감정이 폭발한 아이들을 돕는 방법

앞서 설명한 많은 개념들이 상담 환경에도 그대로 적용될 수 있습니다. 학교 상담실과 교실 환경은 조금 다르기 때문에, 상담사가 고려해야 할 몇 가지 차이점이 있습니다.

- 상담사는 결과(벌)를 주지 않습니다.
- 상담 환경은 1:1(일대일)이라는 점에서 다릅니다.
- 상담사는 교사와 역할이 다릅니다.

상담교사의 역할

학교에서 상담교사의 역할이 종종 잘못 이해되거나 다른 직무와 혼동되는 경우가 많습니다.

앞서 말씀드렸듯이, 상담교사들은 상담과 관련 없는 여러 업무를 맡게 되는 경우가 많죠. 이는 매우 아쉬운 현실입니다. 상담교사의 본래 역할은 단순한 행정 업무나 규율 관리가 아니라, 아이들을 돕고 그들의 감정을 지원하는 것이기 때문입니다. 그렇다면 상담교사가 해야 할 가장 중요한 두 가지 역할은 무엇일까요?

첫째, 아이들을 있는 그대로 받아들이기

상담교사가 먼저 아이들을 있는 그대로 받아들이는 태도를 보여야 합니다. '나는 너를 보고 있어', '나는 네 이야기를 듣고 있어', '나는 너를 있는 그대로 받아들여'라는 태도를 아이들에게 보여주어야 합니다.

아이가 어떤 감정 상태로 상담실에 들어오든, 어떤 행동을 했든, 어떤 말을 했든, 어떤 경험을 했든 상담의 초점은 아이에게 맞춰져야 합니다. 교사, 행정직원, 부모님은 각자의 입장에서 원하는 것이 있을 수 있지만, 상담에서는 그들의 요구보다 아이가 중요하게 생각하는 것이 무엇인지 먼저 알아야 합니다.

상담을 시작할 때는, "무슨 일이 있었니?", "어떤 문제가 있니?", "왜 상담실에 왔니?"라고 묻지 않고, "오늘 기분이 어때?"라고 먼저 질문해야 합니다. 이 질문을 통해 상담이 '문제 해결'이 아닌 '감정 이해'의 과정이라는 점을 강조할 필요가 있기 때문입니다.

둘째, 어려운 감정을 다룰 수 있는 정보와 방법 제공하기

상담교사의 역할은 아이들의 문제를 직접 해결해 주는 것이 아닙니다. 해결 방법을 가르쳐주는 것이 중요하죠.

우리의 목표는 아이들이 감정적으로 '자립'할 수 있도록 돕고 지금뿐 아니라 앞으로의 삶에서도 감정을 건강하게 다룰 수 있도록 지도하는 것입니다.

아이들은 종종 상담교사에게 이런 요청을 합니다. "시간표를 바꿔 주세요", "이 반이 싫어요. 다른 반으로 옮겨 주세요", "저 아이랑 떨어지게 해 주세요". 이런 요청을 들어주는 것은 단기적인 해결책일 뿐입니다. 상담교사가 표면적인 문제만 해결해 준다면, 아이들은 자신의 감정을 스스로 조절하는 법을 배우지 못합니다.

상담교사의 역할은 문제를 '해결'하는 것이 아니라, 아이들이 감정을 다룰 수 있도록 돕는 것입니다. '스스로 감정을 조절하는 방법'은 아이들에게 평생 도움이 되기 때문이죠.

아이들과 상담할 때 꼭 기억해야 할 사항이 있습니다.

● 가능한 한 많은 감각 변화시키기

● 아이가 감정을 조절할 수 있는 상태가 아니면 그 어떤 전략도 효과가 없다는 점 기억하기

● 감정이 폭발한 아이에게 질문하거나, 문제를 해결해 주거나, 논리적으로 설득하려 하지 않기

● 상담실에 아이들이 감정을 조절할 수 있는 '진정 공간' 마련하기

아이들이 감정이 폭발한 상태로 상담실에 왔을 때는, 평소처럼 맞이하며 대화를 시작하는 것이 효과적이지 않습니다. 이럴

때는 즉시 문제를 해결하려 하기보다 먼저 감정을 다스릴 기회를 주는 것이 중요합니다.

감정이 폭발한 채 상담실에 들어온 아이에게는 "저기 앉아서 잠시 쉬고 있어. 금방 갈게"라고 말하며 진정할 수 있는 공간을 알려줍니다. 이때 아이를 계속 바라보며 부담을 주기보다 조용히 하던 일을 마무리하면서 기다리는 것이 좋죠. 아이가 감정을 추스르고 차분해진 모습이 보이면, 그때 대화를 시작하는 것이 효과적입니다.

또 다른 방법으로는 아이를 상담실에 머무르게 하지 않고 잠시 자리를 옮기며 감정을 조절할 기회를 주는 것입니다. 아이가 감정이 폭발한 상태라면 "선생님이 볼일이 있는데, 같이 다녀올래?"라고 자연스럽게 제안하며 교실 복도를 걸어가거나 간단한 심부름을 함께하는 방식입니다. 이때 아이에게 무슨 일이 있었는지, 왜 그렇게 행동했는지 묻지 말아야 합니다. 공간을 옮기는 것만으로도 아이의 감정이 가라앉을 수 있기 때문이죠. 아이가 스스로 자신의 이야기를 꺼낸다 하더라도, 아직 감정이 조절되지 않은 상태라면 바로 반응하기보다 조금 더 기다렸

다가 완전히 진정된 후에 대화를 나누는 것이 좋습니다.

5장에서는 아이들이 스스로 감정을 조절하는 방법을 가르치는 방안에 대해 이야기하려 합니다. 한 번 이 과정을 배운 아이는 이렇게 말하게 됩니다. "지금 화가 9 정도로 나 있어요. 몇 분 동안 여기 앉아 있을게요." 이런 말은 아이가 자신의 감정을 조절하는 방법을 터득했다는 신호입니다. 이처럼 감정을 스스로 다룰 수 있는 능력을 키우는 것은 아이들에게 줄 수 있는 가장 큰 선물입니다.

아이들에게 감정을 이해하고 다룰 수 있는 정보와 도구를 제공하는 것, 그것이 우리가 할 수 있는 가장 의미 있는 역할입니다.

감정이 불안정한 아이들을 돕기 위해 상담실 환경을 어떻게 바꿀 수 있을까요? 아래 공간을 활용해 구체적인 방안을 구상해 보세요.

〈공간 구성하기〉

아이들이 감정을 조절할 수 있도록 돕기 위해 상담실 환경을 어떻게 구성할지 생각해 보세요.

책상 배치만 바꿔도 분위기를 완전히 바꿀 수 있습니다. 의자를 나란히 배치하여 더 친근한 환경을 만드는 것도 좋습니다. 또한 아이들이 감각적으로 안정감을 느낄 수 있도록 자석, 점토, 색연필, 연필 등의 다양한 촉각 도구를 준비해 놓습니다. 그러면 아이들이 이 공간이 어른을 위한 곳이 아니라 자신을 위한 곳이라고 느낄 수 있습니다.

마지막으로, 상담교사들은 아이들뿐 아니라 교사, 부모, 다른 전문가들에게도 감정 조절 방법을 가르칠 수 있는 특별한 역할을 맡고 있습니다. 이 책의 정보를 활용하여 아이가 감정적으로 어려운 순간을 겪을 때 주변 어른들이 더 효과적으로 대응할 수 있도록 교육할 수 있죠. 그리고 궁극적으로는 아이들이 스스로 감정을 조절하는 방법을 배울 수 있도록 도울 수 있습니다.

돌아보기

- 아이와의 상호작용 중 내 감정이 폭발했던 상황에 대해 적어 보세요.

　
　
　

- 그때 내가 다르게 행동했더라면 좋았을 점은 무엇인가요?

　
　
　

- 상황에서 벗어날 수 있었던 '전환점'은 무엇이었나요?

4장

집에서 아이들의 감정관리를
돕는 방법

　이 책의 독자는 교육자나 상담교사뿐만 아니라, 아이가 감정을 조절할 수 있도록 어떻게 도와야 할지 고민하는 부모님일 것입니다. 어쩌면 부모이면서 동시에 전문가로 일하고 계신 분들도 있겠죠. 직장에서 아이들을 지도하는 한편, 집에서도 자녀의 감정을 더 잘 이해하고 돕기 위해 이 책을 선택하셨을 수도 있을 것입니다.
　제가 강연을 마치고 나면 가장 많이 질문하는 분들이 바로 이런 분들입니다. 전문가이기도 하지만, 무엇보다 가정에서 아이를 키우는 부모로서 고민이 많은 것이죠.

상담이나 교육 분야에서 훈련을 받은 전문가라 하더라도, 집에서 부모로서 아이를 양육하는 일은 쉽지 않습니다. 교실에서 아이들을 지도하는 방법을 배웠을지 모르지만, 집에서는 그 모든 경험과 원칙이 무너지는 순간들을 마주하기 때문이죠.

집을 아이에게 안전한 공간으로 만들기

좋은 소식부터 전해드리고 싶습니다. 아이가 학교에서는 문제없이 잘 지내지만 집에서는 속을 썩인다면, 그건 오히려 아이에게 안전한 공간을 제공하고 있다는 뜻입니다.

당신의 집은 아이가 무조건적인 사랑을 받고 있다고 느끼는 곳이라는 의미죠. 이것이 얼마나 중요한 일인지 결코 과소평가해서는 안 됩니다. 아이에게 편안하게 쉴 수 있는 집, 성장하고 배우며 감정을 표현할 수 있는 공간을 만들어주는 것은 그 어떤 것보다도 소중한 일입니다.

아이가 이런 안전한 공간을 갖지 못한다면, 건강한 감정 발달을 위한 기초를 쌓을 수 없습니다. 생각해 보세요. 집에서조차 자유롭게 감정을 표현할 수 없다면, 어디에서 표현할 수 있을까요?

아이들이 집에서 편안함을 느끼고 안전하다고 생각하면, 학교에서 보이는 모습과는 전혀 다른 모습을 보일 수도 있습니다. 그렇지만 안타깝게도, 이 경우 부모들은 아이의 '가장 힘든 모습'을 많이 보게 됩니다.

집에서는 악마, 학교에서는 천사

저는 이런 현상을 '집에서는 악마, 학교에서는 천사' 증후군이라고 부릅니다. 아이들이 환경에 따라 완전히 다른 행동을 보일 수 있다는 사실을 잘 설명해 주는 표현이죠.

학교에서는 너무나 훌륭한 모습을 보이지만, 집에서는 말 그대로 혼돈 그 자체가 되는 경우입니다.

저는 수년간 이런 경험을 한 부모님들을 많이 만나왔습니다. 이 부모님들은 담임교사와의 면담에서 늘 같은 이야기를 듣습니다. "아이가 리더십이 뛰어나요!", "교실에서 너무 예의 바르고, 학습 태도도 좋아요!", "이런 학생과 함께할 수 있어서 정말 기쁩니다."

그런데 같은 아이가 집에서는 완전히 달라집니다. 바닥을 구르며 떼를 쓰고, 식탁에서 밥 먹기를 거부하고, 잠자리에 들려고 하지 않고, 이를 닦으라는 말에도 반응하지 않죠.

많은 부모님들은 이런 모습을 다른 사람에게 말하지 않습니다. 자신의 아이가 좋은 평가를 받길 바라기 때문이죠. 그 대신 부모들은 자신을 탓하기 시작합니다.

지금 이런 상황을 겪고 계시다면, 부디 자신을 탓하지 마세요. 아이의 성공을 예측하는 가장 중요한 요소는 집 밖에서의 행동입니다. 학교에서 아이가 잘 지내고 있다면, 부모로서 정말 훌륭하게 해내고 계신 겁니다.

그렇다고 해서, 매일 반복되는 떼쓰기, 감정 폭발, 밤마다 벌어지는 전쟁 같은 순간들을 어떻게 견뎌야 할지 막막한 것도 사실입니다.

이 장에서는 아이의 행동을 개선하는 몇 가지 방법을 알려드리려 합니다. 그전에 먼저 강조하고 싶은 것이 있습니다. 가장 중요한 것은 '아이와의 연결'입니다.

어떤 육아 전략을 사용하든 그 결과로 집이 조금 더 평온해질 수 있지만 아이와의 연결이 끊어진다면, 결국 아무것도 얻지 못하는 것입니다. 5년, 10년, 심지어 20년이 지나도 남는 것은 부모와 아이의 관계입니다. 어떤 육아 기술도 무조건적인 사랑과 수

용을 대신할 수는 없습니다.

우리는 아이가 어려움에 처했을 때 망설임 없이 부모를 먼저 찾아오기를 바랍니다. 연애 문제로 고민이 생겼을 때 털어놓고 이야기할 수 있기를, 스스로 해결하기 힘든 일이 있을 때 부모에게 가장 먼저 의지할 수 있기를 바라죠.

아이와 안정적인 관계를 형성하는 것이 중요합니다. 하지만 동시에 부모로서 어느 정도의 균형과 통제도 필요합니다. 너무 '안전한 공간'만 제공하려다 보면, 아이에게 집에서 하고 싶은 대로 말하고 행동할 수 있는 전적인 자유를 주게 될 수도 있습니다. 이것은 좋은 전략은 아닙니다. 자유와 규율 사이의 균형이 필요하죠. 부모가 가정의 분위기를 결정합니다. 부모의 태도가 집안의 기준을 정하는 역할을 한다는 것을 기억해야 합니다.

내 감정부터 점검하기

지금 이 순간, 당신은 아이(들)에 대해 어떤 감정을 느끼나요?

_____
_____

육아로 인해 느끼는 스트레스 정도는 어느 정도인가요? (1점 = 전혀 스트레스받지 않음, 10점 = 극도로 스트레스받음)

_____
_____

현재 자신의 육아 방식에 변화를 줄 수 있는 능력이 있다고 느끼나요?

_____
_____

이 질문들은 이 장에서 제공하는 정보를 어떻게 받아들이고 적용할지 결정하는 데 영향을 주기 때문에 중요합니다. 지금 육아에 지쳐 있고, 아이와의 관계를 개선하기 위해서 무엇이든 해

보고 싶은 마음이라면, 새로운 전략을 깊이 고민하기보다는 즉각적으로 시도해보려 할 수 있습니다. 그러나 모든 육아 방법이 부모의 성향이나 가정의 분위기에 꼭 맞는 것은 아니므로 새로운 방법을 적용하기 전에 이 접근법이 나의 성격과 육아 스타일에 적합한지 먼저 고민을 해야 합니다.

이 책을 읽으면서 급하게 결론을 내릴 필요는 없습니다. 한 걸음 물러서서 각 전략이 실제로 내 아이와의 관계에 어떤 변화를 가져올지 생각해 보세요. 그리고 감정 조절에 어려움을 겪는 아이를 양육하는 데 도움이 될 방법이 무엇인지 신중하게 선택하기 바랍니다.

이 장에서 소개하는 육아 전략들은 쉽게 실천할 수 있으며, 가정 내 긴장을 줄이는 데 도움이 될 수 있습니다. 기억해야 할 점은, 감정이 폭발한 아이들은 자극을 받을 때 이성적으로 생각할 수 없다는 것입니다.

따라서 부모는 아이가 평소와 다르게 반응하는 순간, 기존과는 다른 방식으로 접근해야 합니다. 또한 감정적으로 쉽게 폭발하는 아이가 아니더라도, 많은 부모들은 효과적이지 않은 육아 방식을 무의식적으로 반복하는 경우가 많습니다. 비슷한 상황에서 같은 방식으로 반응하면서 결과가 달라지길 기대하는 거죠. 더 나아가 이러한 패턴이 너무 익숙해져서 우리가 반복하고 있다는 사실조차 인식하지 못할 때도 있습니다.

이 책에서 제시하는 전략들은 단순하지만, 익숙하게 받아들이기는 쉽지 않을 수도 있습니다. 우리가 자라면서 부모에게 배운 방식과 다를 수도 있고, 인간의 본능적인 반응과도 어긋나는 부분이 있기 때문이죠.

하지만 이 방법들은 효과가 있습니다. 이 전략들은 뇌가 감정을 처리하는 방식과, 인간의 생존 본능이 아이들과의 일상적인 상호작용에 미치는 영향을 고려하여 설계되었기 때문입니다. 이 방법들은 아이들에게만 적용되는 것이 아니라, 누구에게나 효과적입니다.

육아 전략 #1
이미 답을 알고 있는 질문은 하지 마세요

많은 부모들이 아이와 대화할 때 흔히 저지르는 실수는 이미 정답을 알면서도 아이에게 질문을 던지는 것입니다.

예를 들어, 아이가 사탕을 몰래 꺼내는 현장을 직접 목격했고 그 사탕이 아이의 입안에 있는 것을 분명히 보았음에도 여전히 "네가 사탕 가져갔니?"라고 묻는 것이죠.

대부분의 부모는 아이에게 잘못을 스스로 인정하게 하고 싶어 이런 질문을 합니다. 잘못을 솔직하게 말하는 것이 중요하다는 교훈을 가르치고 싶어하는 것이죠.

문제는 대부분의 아이들이 쉽게 잘못을 인정하지 않는다는 점입니다. 이는 아이가 도덕적 가르침을 거부하거나 배우고 싶어 하지 않아서가 아니라, 그들의 뇌-특히 감정을 처리하는 편도체-가 그러한 인정을 막고 있기 때문입니다.

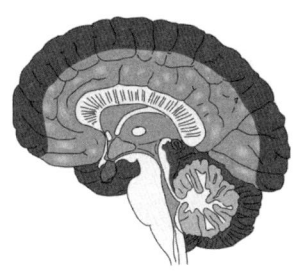

이전에 살펴보았던 뇌의 구조를 떠올려 보세요. 감정이 폭발했을 때 편도체가 활성화되면 이성적인 사고가 방해받는다는 것을 기억하시나요? 우리가 아이에게 "사실대로 말해 봐" 또는 "네가 했지?"와 같은 질문을 던지면, 아이의 뇌에서는 논리적 판단 영역보다 감정을 담당하는 편도체가 더 강하게 반응합니다.

아이의 뇌는 이성적으로 상황을 판단하기보다는 '싸우거나 도망치는' 본능적 대응 태세를 취하게 됩니다. 이 상태에서는 논리적 사고가 어려워지고, 아이들은 자신을 방어하려는 본능적 반응을 보이게 됩니다.

아래 예를 보시죠.

엄마: "네가 사탕 가져갔니?"
아이: "(편도체가 외친다) 도망쳐! 도망쳐! 아니라고 해! 엄마는 절대 증거를 못 찾을 거야! 잡을 수도 없을 거야!"

이제 왜 아이들이 진실을 말하지 않으려 하는지 이해가 되나요? 아이들의 뇌는 이미 '싸우거나 도망쳐야 한다'는 생존 본능 모드를 활성화하고 있는 것입니다.

제가 고등학교 시절, 친구와 함께 오빠의 오래된 폭스바겐 비틀을 타고 동네를 돌아다닌 적이 있습니다. 출발하기 전, 연료가 거의 바닥난 것을 확인하고 차고에서 연료통을 찾아 차에 연료를 채웠습니다. 그런데 얼마 지나지 않아 차가 갑자기 덜컹거리더니 멈춰버렸습니다. 저는 시계를 확인하며 공포에 질렸습니다. 아빠가 집에 도착하기까지 남은 시간은 단 20분! 어떤 방법을 써도 제시간에 집에 도착하는 건 불가능해 보였습니다.

어쩔 수 없이 다른 친구 집까지 걸어가 차를 견인해 줄 수 있냐고 부탁했습니다. 그 친구 역시 부모님 몰래 운전하는 상황이라 난감해했지만, 결국 도와주기로 했습니다. 친구는 트럭을 몰고 와서 녹슨 쇠사슬을 폭스바겐 비틀 범퍼에 걸고 천천히 차를 끌고 갔습니다. 친구는 집 앞 진입로까지 차를 끌어온 뒤, 재빨리 쇠사슬을 풀고 그대로 차를 몰고 떠나버렸습니다. 그 친구도 부모님에게 들키기 전에 빨리 돌아가야 했거든요.

저는 한참 동안 고장 난 폭스바겐 비틀을 바라보다가 단 하나의 해결책을 떠올렸습니다.

"밀자!" 그래서 십 대 소녀 둘이 무거운 강철로 만들어진 그 차를 오르막길 주차장 위로 밀어 올리려 했습니다. 결과는 뻔했죠. 우리가 땀을 뻘뻘 흘리며 힘겹게 버티고 있었던 그때 아빠가 차를 몰고 집으로 돌아왔습니다. 아빠는 차를 세우고 창문을 내리며 "지금 뭐 하는 거야?"라고 물었습니다.

저는 솔직하게 대답할 수도 있었습니다. 그렇지만 어디서부터 말해야 할까요? "사실 차를 몰래 타고 나갔어요.", "게다가 지금 시동도 안 걸려요.", "그리고... 견인하려고 쇠사슬을 묶었는데 범퍼가 찌그러졌어요." 제 뇌는 너무 빠르게 돌아가고 있었고, 심장은 미친 듯이 뛰고, 손바닥에는 땀이 흥건했습니다. 그리고 제 편도체는 필사적으로 외치고 있었습니다. "절대 자백하지 마! 들키면 끝장이야! 평생 외출 금지될 거야! 다시는 운전도 못 할 거라고!!"

그래서 저는 뭐라고 말했을까요?

"우체통에 편지를 가지러 차를 몰고 진입로 끝까지 갔는데, 갑자기 시동이 꺼졌어요."

아빠는 제가 거짓말을 하고 있다는 걸 알았습니다. 저를 한 번 쳐다보고, 차를 한 번 쳐다보고, 더 이상 진실을 캐내는 건 불가능하다는 걸 직감한 듯했습니다.

차고에 있던 그 연료통 속 연료는 잔디 깎는 기계용이었고, 저는 멀쩡한 차에 잘못된 연료를 가득 채워버린 거였죠. 그날 저녁, 저는 아빠와 함께 두 시간 동안 폭스바겐 비틀의 연료통에서

잔디 깎는 기계용 연료를 한 방울도 남기지 않고 빼내야 했습니다. 아빠는 말이 없었습니다. 굳이 할 필요도 없었죠. 저는 이미 그날 내린 선택이 최악이었다는 걸 뼛속 깊이 느끼고 있었으니까요.

우리는 종종 "도대체 왜 이런 행동을 했어?"라며 아이들에게 답을 요구하지만, 아이들의 뇌는 아직 발달 중이기 때문에, 어리석은 선택을 하는 것은 자연스러운 성장 과정입니다. 그런데 우리가 진실을 강요하면 아이들은 그 순간을 피하기 위해 거짓말을 하게 됩니다.

아이가 어떤 행동을 했는지 알고 있다면, 굳이 "네가 이거 했어?"라고 물을 필요가 없습니다. 답을 이미 알고 있으니까요.

아이들에게 왜 그런 행동을 했는지 답을 강요하지 않으면, 아이들은 스스로 깨달음을 얻을 공간을 가질 수 있습니다. 자신이 판 구덩이를 더 깊게 파지 않아도 되는 거죠. 이미 감정이 폭발한 상태에서, 아이들은 이성적으로 사고할 수 없습니다. 그런데 우리가 그들에게 논리적으로 설명하라고 요구하면, 오히려 감정의 홍수 속에 갇혀 빠져나올 방법을 찾지 못합니다.

부모와 아이 사이의 긴장이 가장 고조되는 순간은 어떤 행동이 문제였나 보다, 그 행동의 이유를 캐묻는 과정에서 발생하는 경우가 많습니다. 문제를 일으킨 행동 자체보다, 그 행동의 '진실'을 알아내려는 부모의 압박이 더 큰 갈등을 초래하는 것이죠.

육아 전략 #2
감정을 그대로 드러내지 마세요

육아는 마치 카드 게임과도 같습니다. 부모와 아이는 각각 자신만의 패를 갖고 있으며, 서로의 반응을 보며 게임을 풀어나가는 것이죠. 각자 자기가 이기길 바라면서요. 부모가 이기기도 하지만, 놀랍게도 많은 경우 아이들이 승리합니다. 그 이유는 아이들이 더 영리해서가 아니라, 부모의 반응이 너무 예측 가능하기 때문입니다. 부모가 매번 같은 카드만 꺼내면 아이들은 그 패턴을 금방 알아차립니다. 그리고 어떤 반응이 나올지 궁금해서 이런 행동, 저런 행동을 던져봅니다. 그러면서 게임의 경계를 시험해 보고 특히 자신이 불리하다고 느낄 때는 이기기 위한 방법을 어떻게든 찾아내려 합니다. 그런데도 부모가 같은 방식만 고집하며 변화를 주지 않는다면 부모는 게임에서 계속 지게 될 것입니다.

어린아이들과의 카드 게임은 훨씬 단순합니다. 부모가 '결과 (벌) 카드'를 내밀면, 아이들은 대체로 '순응 카드'를 꺼냅니다.

"동생을 계속 때리면 놀이 시간은 없어." 이런 방식은 어린아이들에게 효과적입니다. 이 시기의 아이들은 세상을 흑백논리로 이해하기 때문입니다. '이 행동을 멈추지 않으면 벌을 받는다.'라는 단순한 패턴을 그대로 받아들이죠. 그 아이들에게는 선택지가 '한다' 아니면 '안 한다'뿐이며, 그 중간은 존재하지 않습니다. 따라서 아이는 사라지는 놀이시간이 피할 수 없는 결과라고 받아들이게 됩니다. 물론 바닥에 드러누워 울며 떼를 쓰는 반응을 보일 수도 있지만, 적어도 어떻게 하면 벌을 받지 않으면서도 계속 동생을 때릴 수 있을까? 같은 복잡한 사고는 하지 않습니다.

아이들이 자라면서 세상을 바라보는 방식도 점점 더 영리해집니다. 어릴 때는 흑백논리(이것 아니면 저것)로 상황을 판단했지만, 점점 회색 영역(애매한 선택지)을 발견하고 활용하기 시작합니다.

이 회색 영역에는 부모가 제시한 두 가지 선택지만 있는 것이 아니라, 자신에게 유리한 제3의 선택지가 있음을 알아차리죠.

부모가 "방을 치우지 않으면 친구 집에 못 가."라고 말하는 경우, 어린아이라면 두 가지 선택지만 보일 것입니다. 방을 치우고 친구 집에 가기. 방을 안 치우고 친구 집에 안 가기.

하지만 11살쯤 된 아이는 다르게 생각합니다. 새로운 가능성을 발견하게 되죠. '어차피 방은 치우기 싫고, 굳이 친구 집에 가지 않아도 돼. 그냥 집에서 온라인으로 친구랑 게임하면 되잖아?' 결국, 아이는 방을 치우지 않고 친구와 함께 놀 수 있는 방법을 찾아냅니다.

위와 같은 상황을 효과적으로 다루는 방법은 해야 할 일을 명확히 설정하는 것입니다.

"오늘 방을 치워야 해." 이렇게 단순하게 말하면 됩니다. "안 치우면 어떻게 될 거야" 같은 말을 덧붙이지 않는 것이 중요합니다. 부모는 정확히 해야 할 일을 제시하고, 아이는 이를 받아들여 실행할지, 거부할지 선택할 기회를 갖게 됩니다.

부모가 먼저 자신의 '카드'를 내놓고 아이가 어떤 카드를 내는지 기다리는 것입니다.

아이가 방을 치우지 않는 카드를 낸다면, 부모는 다음에 어떤 카드를 낼지 천천히 결정하면 됩니다. 급할 필요가 없습니다. 바로 반응할 필요도 없고, 아이와 실랑이를 벌일 필요도 없습니다. 그러다 두 시간 후, 아이가 온라인 게임에 접속하려고 하면 그때가 기회입니다. "방 정리를 끝내야 온라인 게임을 할 수 있어."

이렇게 하면, 부모는 논쟁 없이 이 상황을 주도할 수 있고, 아이는 방을 치워야만 원하는 것을 얻을 수 있습니다. 무엇보다 잔소리하거나 죄책감을 주거나 실랑이를 할 필요 없이, 부모가 원하는 결과를 자연스럽게 이끌어낼 수 있습니다.

어떤 상황은 그렇게 단순하지 않습니다. 육아를 하다 보면 난감한 상황에 처할 때도 많죠. 이런 경우를 생각해 볼 수 있습니다.

어느 날, 다른 부모가 전화를 걸어와 "우리 아이랑 당신 아이가 허락 없이 스케이트 공원에 갔어요."라고 말합니다. 그 부모는 두 아이를 직접 다그쳤고, 당신 아이에게도 사실을 부모에게 솔직히 말하라고 했습니다. 그리고는 당신에게 "혹시 아이가 이 일을 이야기했나요? 이 상황을 어떻게 해결하는 게 좋을까요?"라고 묻습니다. 이 상황에서 당신의 아이는 꽤 강한 '카드'를 던진 셈입니다.

이런 상황에서는 당황스럽고 감정적으로 격해질 수밖에 없습니다. 당신은 아이의 행동 중 두 가지 측면에서 강하게 자극을 받습니다. 규칙을 어겼다는 사실과 부모에게 솔직하게 말하지 않았다는 점입니다. 게다가, 다른 부모가 먼저 연락을 했다는 사실도 민망하고, 나는 이 상황에 대해 아무것도 모르고 있었다는 점이 더욱 난처하게 느껴질 수도 있습니다. 어떤 방식으로 대응할지 여러 가지 선택지가 있지만, 가장 좋은 방법은 서두르지 않고 신중하게 다음 행동을 결정하는 것입니다.

이런 상황에서 많은 부모들은 감정이 폭발해 이성적인 결정을 내리기 어렵습니다.

보스턴 셀틱스의 브래드 스티븐스(Brad Stevens) 감독은 경기 도중 상황이 좋지 않을 때 선수들에게 이렇게 조언합니다. "다음 플레이는 지금 선택할 수 있는 가장 올바른 것으로 하라." 30초 전, 혹은 30분 전에 무슨 일이 있었든 지금 중요한 것은 다음 선택입니다.

이 원칙은 육아에서도 그대로 적용됩니다. 감정적으로 반응하여 눈앞에 보이는 첫 번째 카드를 던진다면, 이 게임에서 패배할 가능성이 큽니다. 감정적인 반응이 나오는 대표적인 방식이 바로 다음과 같은 질문입니다. 아이가 집에 들어오자마자, "잭의 엄마한테 전화 왔어. 혹시 나한테 할 말 없어?"

감정이 폭발한 부모와
역시 감정이 폭발한 아이가 만나게 됩니다.

부모가 감정이 폭발한 상태에서 반응한다면, 아이는 그에 따라 똑같이 감정이 폭발할 가능성이 큽니다. 이런 상황에서 아이를 심하게 몰아붙이면, 아이는 생존 본능을 발동하게 됩니다. 살아남기 위해 본능적으로 반응하는 것이죠.

이 순간, 아이는 부모의 질문에 솔직하게 답하기보다 부인하고, 변명하며 반박하고, 논쟁을 벌이게 됩니다. 부모 역시 같은 강도의 감정으로 대응하게 되고, 순식간에 감정적으로 치열한 싸움이 벌어집니다. 그리고 게임이 끝날 즈음에는 누가 이겼는지, 졌는지도 중요하지 않게 되고, 서로 상처받고 지쳐버리며, 이 갈등으로 인해 부모와 아이 사이의 관계만 손상될 뿐입니다.

부모로서 우리는 더 현명하게 대응해야 합니다. 우리는 언제 기다려야 하는지, 언제 감정을 가라앉혀야 하는지, 그리고 언제 가장 적절한 다음 행동을 해야 하는지 판단할 수 있어야 합니다.

즉각적인 감정적 반응이나 본능적인 대응이 아니라, 전략, 타이밍, 그리고 장기적인 사고를 활용해야 합니다. 이러한 육아 방식은 아이들과의 관계뿐만 아니라, 우리 삶에서 모든 인간관계를 더 긍정적으로 변화시킬 수 있습니다.

육아 전략 #3
팀워크를 활용한 육아 전략

제가 교사생활 초기에 만난 한 동료 교사는 매년 학급을 하나의 '팀'으로 운영하는 특별한 방식을 도입했습니다.

그 교사는 학기 초가 되면 반 아이들 모두에게 맞춤 유니폼을 만들어 주었습니다. 각자의 이름과 번호가 적힌 티셔츠를 나눠주고, 앞면에는 '팀 카터(TEAM CARTER)'라는 문구를 새겼습니다. 그리고 아이들이 첫날 교실에 들어오면, 본인도 코치처럼 복장을 갖춰 입고, 밝은 목소리로 이렇게 말했습니다. "팀 카터에 온 걸 환영해!"

아이들은 이 분위기를 정말 좋아했습니다. 이후 규칙을 개인이 아닌 '팀'의 관점에서 정했고, 규칙을 어겼을 때 어떻게 할지 함께 논의했습니다.

이 교실은 개인이 아닌, 모두가 함께하는 하나의 팀이 된 것이죠. 놀랍게도, 저는 학교를 몹시 싫어하던 한 아이가 갑자기 학교에 가는 걸 좋아하게 된 모습을 보았습니다. 저는 그 아이에게 물었습니다. "왜 학교가 좋아졌어?" 그러자 아이는 환하게 웃으며 이렇게 대답했습니다. "이제 전 팀의 일원이니까요."

그 후, 저는 이 전략을 부모님들에게도 추천하기 시작했습니다. 제가 상담하는 많은 아이들은 집에서 문제 행동 때문에 유독 혼나는 대상이 된다고 느낍니다. 그 아이들은 종종 이렇게 말합니다. "나는 항상 혼나.", "뭐만 하면 다 내 탓이야."

이런 인식은 아이의 자존감에 부정적인 영향을 미칠 수 있으며, "어차피 난 항상 혼나니까, 노력해도 소용없어"라고 생각하게 할 수도 있습니다.

아무리 아이가 좋아지려고 노력해도, 부모가 이미 실수를 예상하고 있다면, 그 아이는 희망을 잃고 포기할 가능성이 커집니다.

'팀'이라는 개념을 활용하려면, 가족을 하나의 단위로 바라봐야 합니다. 부모는 한 팀, 아이들은 다른 팀으로 나뉘는 것이 아니라, 모두가 같은 팀에 속해 있다는 인식을 갖는 것이 중요합니다. 서로를 존중하고, 서로를 필요로 하며, 개인보다 팀 전체를 먼저 생각하는 것입니다.

모든 사람이 항상 원하는 것을 얻을 수는 없지만 각자가 조금씩 양보하고 배려하면, 가족이라는 팀이 더 원활하게 운영될 수 있습니다.

아이들이 이 개념을 자연스럽게 받아들이게 하려면, 규칙을 정할 때 부모가 일방적으로 정하고 강요하는 것이 아니라, 아이들도 함께 참여하여 팀의 규칙을 만들어가는 과정에 포함시켜야 합니다.

여기에서 현명한 판단이 필요합니다. 아이들이 원하는 대로 '강제 취침 시간 없음'이나 '스크린 타임 제한 없음' 같은 규칙을 받아들일 수는 없겠지만, 가족 전체에게 도움이 되는 경계를 설정하는 것은 가능합니다. 부모와 아이들이 함께 규칙을 정하면서, 가족이 가장 중요하게 생각하는 가치를 찾아가는 것이죠. 예를 들어, 다음과 같은 팀 규칙을 만들 수 있습니다.

- 우리는 친절한 말을 사용한다.
- 우리는 서로 존중하며 경청한다.
- 식사 중에는 전자기기를 사용하지 않는다.

여기서 주목해야 할 점은, 이 규칙들이 '너(you)'가 아니라, '우리(we)'가 중심이라는 것입니다.

아이가 동생에게 소리를 지른다면 부모는 "너는 친절하게 말해야 해."라고 지적하지 말고, "우리는 친절한 말을 사용해야 해."라고 말합니다.

이렇게 하면, 아이를 비난하는 느낌 없이, 가족 구성원 모두가 지켜야 할 팀의 규칙을 상기시키는 효과가 있습니다.

부모도 팀의 일원이므로 팀 규칙을 따라야 합니다. '존중하는 태도로 말하기'가 규칙이라면, 부모도 아이에게 소리를 지르면 안 됩니다. '식사 중에는 전자기기 사용 금지'가 규칙이라면, 부모도 식탁에서 휴대폰을 사용해서는 안 됩니다.

'팀'이라는 개념은 단순히 규칙을 정하는 것에서 끝나지 않습니다. 팀으로서 함께 즐거운 순간을 만드는 것도 중요합니다.

금요일 밤을 '피자 데이'로 정하고 일주일 동안 팀이 함께 노력한 것을 축하하는 자리를 마련하거나, 아이들이 가족 여행을 계획하는 과정에 참여하거나, 놀이방을 꾸미는 아이디어를 직접 내볼 수도 있습니다. 이렇게 하면, 가족은 단순히 함께 사는 사람들이 아니라, 서로를 배려하고 존중하는 하나의 팀이 됩니다.

부모는 팀의 공동 캡틴 역할을 맡게 됩니다. 때로는 규칙을 지키도록 상기시키고, 가족의 큰 그림을 조율하는 역할을 해야 하죠.

그렇다고 해서 팀원인 아이들에게 권위적으로 명령하는 것이 아니라, 존중하는 태도를 유지하면서 리더십을 발휘해야 합니다. 여기서 가족회의가 중요한 역할을 하는데, 가족이 한 팀으로서 서로의 의견을 듣고 조율할 수 있는 시간을 마련하는 것이죠.

가족회의에서는 다음과 같은 주제를 다룰 수 있습니다.

- 형제자매 간의 갈등 해결하기
- 아침 준비 루틴 개선하기
- 아직 해결되지 않은 가족 내 갈등 다루기

이런 환경에서는 모든 가족 구성원이 자신의 목소리를 낼 수 있고, 부정적인 행동도 줄어들게 됩니다.

육아 전략 #4
학교 일은 학교에서 해결하기

많은 부모들이 자녀의 학업에서 자신이 어떤 역할을 해야 하는지 고민합니다. 그리고 이런 고민은 부모와 아이 모두에게 지속적인 갈등을 유발하죠. 이제는 부모들이 온라인으로 자녀의 성적을 확인할 수 있게 되면서 이 문제는 더욱 심각해졌습니다.

낮 동안 부모들은 자녀가 제출한 과제와 미제출한 과제를 실시간으로 확인할 수 있습니다. 그리고 저녁에 아이를 마주할 때쯤이면 이미 감정이 격해져 있죠. "왜 수학 숙제를 안 냈어?" 이렇게 시작된 대화는 곧 논쟁으로 번집니다. 아이는 방어적으로 변하고, 숙제를 제출하지 않은 이유를 둘러대기 시작합니다.

이 과정에서 긍정적인 결과는 거의 나오지 않습니다. 이런 갈등은 단순히 부모와 아이 사이의 문제로 끝나는 것이 아니라, 가족 전체의 분위기에도 영향을 줍니다. 결국, 학업 문제 하나가 저녁 내내 가정의 평화를 깨뜨리게 됩니다.

'학교 일은 학교에서 끝내기' 전략을 추천합니다.

이 전략에서는 부모가 아이의 학업에서 맡아야 할 역할과 경계를 명확히 설정합니다. 아이의 교육은 교사에게 맡기고 부모는 '양육'에 집중해야 합니다. 과제를 제출하지 않았을 때 책임을 묻고 결과를 주는 역할은 교사의 몫입니다.

부모는 아이의 학업 성취보다, 아이가 하루를 어떻게 보냈는지, 가족과 어떻게 소통하는지, 무엇을 중요하게 생각하는지에 더 집중해야 합니다.

집에서의 시간은 가족을 위한 시간이지, 학교 일을 점검하는 시간이 아닙니다. 이 전략이 효과적인 이유는 여러 가지가 있습니다.

첫째, 부모는 교사가 아닙니다.

부모는 자녀의 학업 과목을 가르치도록 훈련받은 사람이 아니며, 그에 대한 보수를 받지도 않습니다. 부모가 실제 교사라 하더라도, 집에서는 교사가 아닌 부모로서의 역할이 더 중요합니다.

둘째, 부모는 학교에 있지 않습니다.

부모는 학교에서 어떤 일이 있었는지 직접 보지 않았기 때문에 정확한 상황을 알 수 없습니다. 수업이 끝난 후 아이에게 무슨 일이 있었는지 캐묻는 것은 아이에게 스트레스를 줄 수 있습니다. 아이들은 학교에서 있었던 일을 잠시 잊고 쉬고 싶어 하기 때문이죠. 부모가 계속 학업 문제를 꺼내면 아이는 답답함을 느끼고, 부모도 불필요한 갈등에 지치게 됩니다.

셋째, 부모에게도 해야 할 일이 많습니다.

부모는 저녁을 준비하고, 빨래를 하고, 집안일을 챙기며 가정을 원활하게 운영해야 합니다. 또한 다음 날을 준비하는 일도 중요하죠. 부모 역시 가족의 일원으로서 자신의 역할을 수행해야 하며, 스스로의 필요도 존중받아야 합니다.

최근 저는 하루 10시간 동안 스트레스 가득한 직장에서 일하고 매일 밤 바삐 집으로 돌아와 아이들을 돌보는 한 어머니와 대화를 나눌 기회가 있었습니다. 그녀는 아이들을 위해 최선을 다하는 헌신적인 부모였지만, 저녁 시간 대부분을 큰 아이의 숙제 지도에 할애하고 있었습니다.

초등학교 6학년 아들은 영리했지만, 엄마가 귀가할 때까지 숙제를 미루곤 했고, 숙제는 밤 10시가 훌쩍 넘어서야 겨우 끝났습니다.

더 큰 문제는 그녀에게 또 다른 두 자녀가 있었지만, 이들은 저녁 내내 사실상 방치되어 있었다는 점입니다. 당연히 다른 두 아이는 점점 서운함과 불만이 쌓여갔습니다. 더욱 안타까운 점은, 엄마의 헌신적인 노력에도 불구하고 아들의 학업 성적이 조금도 나아지지 않았다는 것입니다. 오히려 숙제를 하는 과정에서 아들의 반발심은 더욱 커졌고, 엄마 역시 점점 더 큰 스트레스에 지쳐갔습니다.

그녀가 이 문제를 털어놓았을 때, 저는 단순하지만 분명한 해결책을 제안했습니다. "숙제를 더 이상 도와주지 마세요."

처음에 그녀는 당황스러워했습니다. 아이의 성적이 떨어져 다른 아이들보다 뒤쳐질까 봐 두려웠기 때문이죠. 게다가 남편은 아이의 학업을 도와줄 인내심이 부족하다고 말했습니다.

"이 아이에게 제가 꼭 필요해요. 그냥 내버려 둘 수는 없어요." 그녀는 몇 분 동안 불안한 마음을 토로했고, 저는 그녀에게 혼자가 아니라는 위로의 말을 건넸습니다.

같은 고민을 하는 수많은 부모들이 있을 것입니다. 여기서 중요한 진실은 단 하나입니다. 부모는 아이를 대신해 줄 수 없습니다.

아이들은 각자 다른 방식으로 학교생활의 의미를 찾아갑니다. 어떤 아이들에게 학교는 단순한 학습 공간을 넘어 사회적 교류의 장입니다. 친구들과 어울리고, 스포츠와 다양한 활동을 즐기며, 학교는 그들에게 재미와 즐거움을 주는 공간입니다.

반면, 다른 아이들은 학업을 통해 자신의 잠재력을 꽃피우고 성취감을 느끼는 기회를 찾습니다. 이들은 타고난 재능을 가졌거나 열정적으로 노력하며, 칭찬에 긍정적으로 반응합니다. 좋은 성적을 받았을 때 느끼는 성취감은 그들에게 지속적인 동기부여가 됩니다.

아이가 학교생활을 어떻게 받아들이든, 대부분의 학교는 오후 3시경에 수업을 마칩니다. 아이들이 수업을 마치고 집에 돌아와 부모와 함께하는 시간은 매우 중요합니다. 이 시간은 아이의 정서적 성장을 위한 소중한 순간이기 때문이죠. 서로의 감정을 나누고, 깊이 있는 대화를 나누며, 아이의 자존감을 키워나가는 귀중한 시간입니다. 이 시간은 정말로 특별합니다. 이 시간들이 쌓여 아이의 정서적 건강을 형성하고, 평생을 든든하게 뒷받침할 정신적 토대를 만들어갑니다.

아이의 학창 시절 동안 선생님은 수시로 바뀌겠지만, 부모는 늘 변함없이 아이 곁을 지킵니다. 친구도 바뀌고, 관심사도 달라지겠지만, 아이들이 언제나 안전하게 의지할 수 있는 곳은 바로 가정입니다. 가족이 매일 방과 후 3~4시간을 학업 이야기로 빼곡히 채운다면, 학교 생활이 집에서도 계속되는 것과 같을 것입니다. 아이가 학교에서 어려움을 겪고 있는데, 집에서도 계속해서 그 문제에 매달리면 오히려 학교에 대한 거부감만 커질 것입니다. 반대로 성적이 우수한 아이가 밤늦게까지 숙제를 반복해서 확인하는 생활을 한다면, 그 아이 역시 삶의 균형을 잃게 될 것입니다. 우리는 아이들에게 균형 잡힌 삶의 의미를 가르쳐야 합니다. 열심히 노력하는 것도 중요하지만, 학교 일은 학교에서, 직장 일은 직장에서 마무리하고, 가정에서는 온전히 가족과 함께하는 시간을 가져야 합니다.

돌아보기

여러분은 어떤 양육 전략을 가장 실천하고 싶은가요?
_____
_____
_____
_____

이 전략을 실천하는 과정에서 개인적으로 어떤 어려움에 부딪힐 것 같은가요?
_____
_____
_____
_____

이 전략이 자녀와의 관계를 어떻게 개선할 수 있을까요?
_____
_____
_____
_____

5장

아이의 자기 조절력 키우기

이 장에서는 지금까지 배운 내용을 바탕으로, 아이들이 자신의 감정을 조절하는 방법을 구체적으로 알아보려고 합니다.

앞서 설명한 원칙들을 실제로 적용하는 방법을 알려드리고, 아이들이 쉽게 이해할 수 있도록 친근하고 접근성 있는 방식으로 풀어나갈 것입니다.

자기 조절력을 가르칠 때는 아이의 연령과 발달 단계에 맞는 접근이 중요합니다. 어린아이들에게는 단순하고 명확한 언어로, 청소년들에게는 좀 더 복잡하고 깊이 있는 설명이 필요하죠. 기본 원리는 동일하지만, 각 아이의 이해 수준과 정서적 성숙도에 따라 맞춤형 접근이 필요합니다.

1단계: 아이들에게 '감정 폭발' 이해시키기

아이들에게 감정 폭발을 설명할 때는 뇌의 구조를 시각적으로 보여주는 것이 중요합니다.

저는 주로 뇌의 윤곽을 그리면서 편도체가 자극을 받을 때 발생하는 변화를 설명합니다. 책에 있는 그림을 활용하거나 직접 그림을 그려 설명하기도 하죠.

편도체는 뇌의 아래쪽에 위치해 있으며, 두려움이나 강한 감정을 느낄 때 활성화됩니다. 감정이 폭발하면 혈류가 뇌의 위쪽에서 아래쪽으로 이동하면서 편도체를 자극하게 됩니다. 이러한 생리적 반응이 아이의 전반적인 행동과 감정 조절에 어떤 영향을 미치는지 쉽고 명확하게 설명해야 합니다.

아래는 예시입니다.

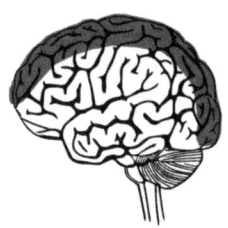 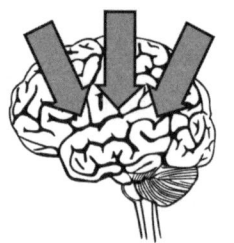 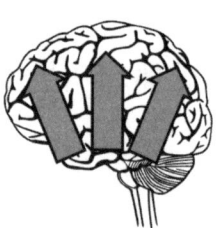

조절된 상태
뇌의 윗부분에 혈류가 자리한 상태
· 이성적인 사고
· 감정 조절 능력
· 신체 조절 능력

감정 폭발 상태
뇌의 아랫부분으로 혈류가 내려간 상태
· 비이성적인 사고
· 혼란스러움
· 감정 조절이 어려움
· 충동적임

다시 조절된 상태
뇌의 윗부분에 혈류가 자리한 상태
· 이성적인 사고
· 감정 조절 능력
· 신체 조절 능력

발목을 삐는 상황을 예로 들면 아이들이 뇌의 반응을 이해하는 데 매우 효과적입니다.

발목을 삐면 혈류가 손상된 부위로 몰려 치유를 돕고, 그로 인해 발목이 부어오릅니다. 때로는 상처 주변에 멍이 들기도 하죠.

뇌에서도 이와 유사한 현상이 일어납니다. 편도체가 자극을 받으면 혈류가 뇌의 아래쪽으로 몰리는 것이지요. 물론, 우리 눈에는 보이지 않습니다. 이렇게 혈류의 흐름을 쉽게 이해시키면 아이들이 자신의 뇌가 언제, 어떻게 자극을 받는지 인식하고, 그러한 상황에서 어떻게 대처해야 하는지 배울 수 있습니다.

2단계: 아이들과 함께 자극 요인 발견하기

아이들에게 자극 요인(Triggers)을 설명할 때는 이해하기 쉬운 언어로 접근하는 것이 중요합니다.

"자극 요인이란, 원하지 않는 감정을 불러일으키는 모든 것을 말해요. 자극 요인은 외부 환경에서 올 수도 있고, 내면의 생각과 감정에서 올 수도 있으며 사람마다 다르죠."

그러고 나서 아이들이 흔히 겪는 자극 요인을 찾을 수 있도록 도와줍니다.

학업	사회적 관계	부모와의 관계
성적 혼나는 상황 학습 방식의 차이	또래 집단 개인적인 관계 소셜미디어	학업 스트레스 결과에 대한 부담 가족 관계 변화

그다음, 아이들에게 자신이 경험했던 자극 요인을 찾아보라

고 합니다.

예를 들어,
- 시험을 볼 때 불안하거나 초조했던 경험이 있는지
- 놀이터에서 친구와 다투고 감정이 폭발한 경험이 있는지
- 수업 시간에 선생님이 지목하면 불편한 감정이 들었던 경험이 있는지

그리고 이어서 물어봅니다.
- 어떤 생각이 떠오를 때 감정이 갑자기 변한 적이 있는지
- 괜히 기분이 안 좋거나 불편한데, 그 이유를 모르겠다고 느낀 적이 있는지

또한, 우리의 감정이 외부 요인뿐만 아니라 내면의 생각에서도 깊게 영향을 받을 수 있다는 점을 설명하며 아이들이 쉽게 이해할 수 있도록 아래와 같은 예시를 들어 설명합니다.

외부 자극 요인의 예시
- 숙제나 시험 같은 학업 과제

- 다른 사람의 상처 주는 말이나 행동
- 창피한 상황(넘어지거나, 음식을 엎지르는 등)
- 특정 냄새나 소리(과거의 부정적인 경험을 떠올리게 하는 것)

내부 자극 요인의 예시
- 자신에 대한 부정적인 생각('나는 못해.', '나는 바보야.', '아무도 나를 좋아하지 않아.')
- 과거의 트라우마나 고통스러운 기억이 떠오를 때
- 마음속에 맴도는 부정적인 말('이 시험에서 실패하면 휴대폰을 빼앗길 거야.')

외부 자극 요인과 내부 자극 요인의 차이를 설명한 후, 아이들에게 자신에게 가장 큰 영향을 미치는 자극 요인이 무엇인지 물어봅니다. 아이들이 이를 스스로 인식하는 것이 중요한 이유는, 각각의 자극 요인마다 효과적인 대처 방법이 다르기 때문입니다.

외부 자극 요인의 경우, 해당 상황이 사라지면 아이들은 빠르게 안정을 찾는 경향이 있습니다. 시험 중에는 극도로 긴장하고 불안해하는 아이들도 시험이 끝나면 아무 일 없었다는 듯이 교실을 나섭니다. 반면, 내부 자극 요인에 영향을 받는 아이들은 감성 조절에 더 많은 시간이 필요합니다. 내부 자극 요인은 눈에 보이는 특정 사건 없이도 지속적으로 아이의 감정과 행동에 영향을 미치기 때문이죠.

어떤 아이들은 이렇게 말합니다. "딱히 문제가 있는 건 아니에요. 그냥 계속 스트레스를 받는 느낌이에요." 이는 내부 자극 요인의 대표적인 예입니다. 이런 아이들은 마음속에서 반복적으로 부정적인 생각이나 걱정을 떠올리며 스스로 감정을 조절하는 데 어려움을 겪을 수 있습니다.

아이들이 자신의 자극 요인을 더 깊이 이해할 수 있도록 다음 문장들을 완성하도록 도와주세요.

---

1. 나를 자극하는 요인은 무엇일까?

2. 이 자극 요인에 대해 나는 어떤 생각을 하고 있을까?

3. 나는 어떤 감정을 느끼고 있을까?

4. 내 감정의 강도는 얼마나 클까?

5. 어떤 방법을 사용해야 할까?

이 과정은 나이와 상관없이 누구나 감정을 효과적으로 조절할 수 있는 방법입니다.

직장에서 상사에게 자극을 받았을 때나 가족과 의견이 맞지 않을 때도 똑같이 적용할 수 있는 보편적인 접근법이죠. 방법 자체는 간단하지만, 대부분의 사람들은 어릴 때부터 이러한 감정 조절법을 배워본 적이 없어 처음에는 어색할 수 있습니다. 바로 이런 이유로 어릴 때부터 이 과정을 배우는 것이 중요합니다. 한 번 익히면 평생 동안 활용할 수 있는 귀중한 감정 조절 기술이 되기 때문입니다.

3단계: 감정 인식하기

많은 아이들은 자신이 느끼는 감정을 정확히 표현하기 어려워합니다. 당황한 아이에게 "지금 불안해?"라고 물어봐도 제대로 대답하지 못하는 경우가 대부분이죠.

이는 아이들이 감정을 표현하는 방법(감정 문해력)을 배우지 않았기 때문입니다. 고등학생들도 예외는 아닙니다. 복잡한 수학 문제는 쉽게 풀면서도 스트레스 상황에서 자신의 감정을 설명하지 못하는 경우를 많이 봐왔습니다. 나이와 관계없이, 아이들은 자신의 감정을 알아차리고 표현하는 법을 배워야 합니다.

이러한 능력이 발달하면 아이들은 감정을 더 잘 조절하고 건강한 방식으로 대처할 수 있습니다. 아이들의 감정 인식을 돕는 효과적인 방법은 정기적으로 감정을 확인하는 습관을 기르는 것입니다.

아이들을 상담할 때 문제 해결에 앞서 "지금 어떤 감정을 느끼고 있니?"라고 먼저 물어보고, 부모는 취침 전 루틴으로 감정에 대해 이야기하는 시간을 가질 수 있죠. 교사는 시험 전이나 모둠 활동 중에 "지금 어떤 감정을 느끼고 있나요?"라고 질문을 하면 큰 도움이 됩니다.

아이들이 감정 표현의 기회를 자주 가지면 자신의 감정을 말하는 것이 더욱 자연스럽고 편안해집니다. 이러한 연습을 통해 아이들은 감정을 더 명확하게 인식하고 건강하게 조절하는 능력을 키울 수 있을 것입니다.

● **아이들이 감정을 처리하는 방법**

아이들마다 자신의 감정을 처리하는 방식은 다릅니다. 어떤 아이들은 혼자 감정을 내면에 간직하려 하고, 어떤 아이들은 자신의 감정을 즉시 터놓고 싶어 합니다.

이런 차이는 성인에게도 동일하게 적용됩니다. 예를 들어, 힘든 일을 겪을 때 스스로를 고립시키는 친구가 있습니다. 평소에 자주 연락하던 친구가 갑자기 연락을 끊고 당신의 연락에도 응답하지 않는다면, 이런 생각이 들죠. "무슨 일이 있었지? 내가 뭔가 잘못 말했나? 우리 사이가 예전 같지 않은 걸까?" 그러다 한 달쯤 지나서 친구가 "이혼으로 힘든 시간을 보내고 있었어."라고 이야기합니다. 그럼 당신은 아마 이렇게 말할 것입니다. "왜 미리 말하지 않았어? 내가 도와줄 수 있었을 텐데!" 하지만 친구는 먼저 자신의 감정을 정리할 시간이 필요했기 때문에 이야기하지 않았던 것입니다. 이런 사람은 내면적 처리자(Inward Processor)입니다.

이제, 당신의 삶에서 다른 유형의 사람을 떠올려 보세요. 그 사람의 이름이 휴대폰 화면에 뜨면, 당신은 이런 생각이 듭니다. "너를 사랑하지만, 지금은 통화할 시간이 없어." 왜냐하면 그 사람은 통화중에, 숨 돌릴 틈도 없이 쉬지 않고 말하며, 당신이 끼어들 기회조차 없기 때문입니다. 그들은 질문을 던지지만, 스스로 답을 내리고, 당신의 의견을 들을 생각도 없이 계속 말을 이어갑니다. 심지어 당신이 "이제 그만 끊어야 해."라고 말할 기회조차 없습니다. 통화를 마칠 수 있는 유일한 방법은, 그들이 스스로 문제를 해결하고 "들어줘서 고마워!"라고 말한 뒤 전화를 끊을 때까지 기다리는 것입니다. 이런 유형의 사람을 '외면적 처리자(Outward Processor)'라고 부릅니다.

어떤 방식으로 감정을 처리하든 잘못된 것은 없습니다. 각자 자신에게 맞는 방식으로 감정을 다루고 있을 뿐입니다.
우리는 모두 감정을 가라앉히기 위해 노력합니다. 어떤 사람은 생각하면서 정리하고, 어떤 사람은 말하면서 해결합니다. 아이들도 마찬가지입니다. 내면적 처리자인 아이는 문제가 생기면 조용히 스스로 해결하려 하며, 감정을 숨기려 합니다. 이런 아이가 힘들어하고 있다는 신호는 말이 아닌 행동 변화로 나타납니다.
외면적 처리자인 아이는 문제가 생기면 계속해서 말하면서 감정을 표현합니다. 이 아이는 문제를 해결하기 위해 끊임없이 이야기하지만, 듣는 사람 입장에서는 부담스럽게 느껴질 수 있습니다. 이런 행동은 일부러 주변을 지치게 하려는 것이 아니라, 대화를 통해 스스로 감정을 가라앉히고 해결책을 찾으려는 과정임을 이해해야 합니다.

어른으로서 우리는 아이들에게 두 가지 중요한 기술을 가르쳐야 합니다.

첫째, 도움을 요청하는 방법

둘째, 자신의 생각을 정리하여 타인을 괴롭히지 않으면서 문제를 이야기하는 방법

내면적 처리자인 아이가 "저는 지금 많이 힘들어요. 혼자 생각할 시간이 필요해요."라고 말하게 하는 것이 우리의 목표입니다. 이 말은 자신의 힘든 상태를 인정하면서도, 당장 자세히 말할 준비가 되지 않았음을 명확하게 전달하기 때문입니다.

또한, 외면적 처리자인 아이가 "오늘 너무 힘들었어요. 시간 될 때 저랑 이야기 좀 해줄 수 있나요?"라는 말을 하게 해야 합니다. 이 말은 상대방이 이야기할 준비가 될 때까지 인내심 있게 기다릴 수 있음을 의미하기 때문입니다.

이 두 가지 방식 모두 불편한 감정을 건강하게 표현하는 성공

적인 접근 방법입니다.

아이들이 자신의 감정을 인식하는 법을 배웠다면, 다음 단계는 감정의 강도를 알아야 합니다. 감정의 강도를 파악하면 아이가 어떤 방향으로 나아가야 할지 결정할 수 있습니다.

아이들에게 다음과 같은 질문을 통해 도움을 줄 수 있습니다.

- 감정을 조절하기 위해 마음을 다시 가다듬거나 필요한 전략을 사용할 필요가 있을까?
- 이 감정은 지금 스스로 감당할 수 있는 수준일까?
- 처음보다 감정이 약해졌다면, 내가 점점 나아지고 있다는 신호일까?

아이가 자신의 감정 강도를 인식할 수 있게 되면, 다음 단계는 그 감정에 어떻게 대응할지 계획을 세워야 합니다. 이를 돕는 좋은 방법 중 하나는 숫자 그래프를 활용하는 것입니다.

숫자 그래프

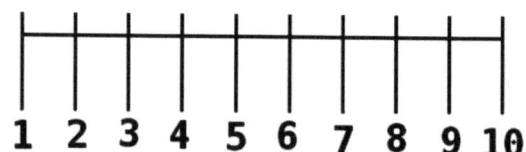

숫자 그래프는 1부터 10까지의 숫자로 감정의 강도를 표현합니다. 감정이 폭발한 아이들은 스스로 감정을 조절하는 것이 매우 어렵기 때문에 이 방법을 사용하면 큰 도움을 받을 수 있습니다.

감정의 강도가 8, 9, 10 수준일 때는 즉각적인 해결책을 찾으려 하기보다 먼저 마음을 진정시켜야 합니다. 아이가 자신의 감정 강도를 정확히 인식할 수 있다면, 그다음으로 어떤 대응 방법을 사용할지 스스로 선택할 수 있게 됩니다.

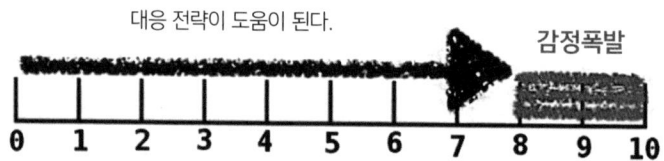

아이와 함께 숫자 그래프를 만들 때는 먼저 '감정 강도 10'이 어떤 상태인지 정의하는 것부터 시작하세요. 10은 가장 감정이 격해진 상태로, 아이마다 다르게 표현합니다.

어떤 아이들은 10의 감정에서 울음을 터뜨리기도 하고, 어떤 아이들은 완전히 말을 멈추고 아무 반응도 하지 않습니다. 또 다른 아이들은 머릿속이 새하얘진다고 하거나, 소리를 지르고, 손을 휘두르거나, 갑자기 교실 밖으로 뛰쳐나가는 행동을 보이기도 합니다.

그다음에는 아이와 함께 감정 강도 5가 어떤 상태인지 찾아보고, 그 사이의 감정 변화를 단계별로 정리해 봅니다.

숫자 그래프를 완성하면, 아이는 자신의 감정 상태를 더 명확하게 이해할 수 있고, 그 순간 감정을 조절하는 방법도 배울 수 있습니다. 아이와 함께 만드는 숫자 그래프는 다음과 같은 형태로 구성될 수 있습니다.

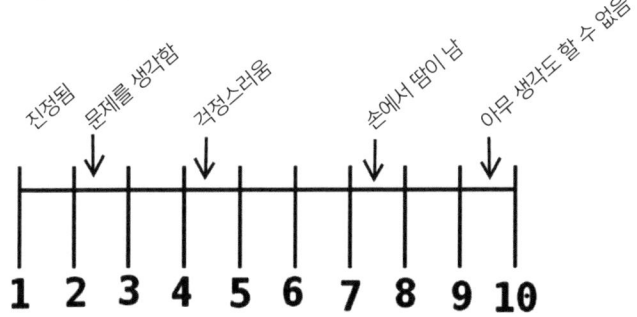

아이가 자신만의 숫자 그래프를 만들었다면, 이제 그 숫자에 따라 감정을 조절할 수 있는 방법을 알려줍니다.

감정 조절 전략 활용하기

아이들이 감정을 조절할 수 있도록 돕는 마지막 단계는 감정 조절 전략을 알려주는 것입니다. 아이들이 감정을 다스리는 데 도움이 되는 두 가지 전략을 소개합니다.

감정 조절 전략 #1
안전한 장소 만들기

준비물: 종이, 색연필 또는 크레용

목적: 아이들이 불안이나 두려움을 느낄 때 마음을 안정시키고 차분함을 찾도록 돕는 방법입니다.

실행 방법:

1. 마음이 편안해지는 장소를 떠올려 봅니다. 그곳은 실제로 가본 곳일 수도 있고, 마음속에서 만들어낸 특별한 공간일 수 있습니다. 그곳은 어떤 모습인가요? 어떤 냄새가 나나요? 어떤 느낌이 드나요? 그곳에서 누군가와 함께 있나요? 아니면 혼자인가요?

2. 머릿속에 떠오른 장소를 그대로 그려보세요. 다양한 색을 사용하고, 원하는 세부사항을 추가해 보세요. 이제 눈을 감고 그곳에 있다고 상상해 보세요. 그곳에서 자신이 완전히 편안한지 보세요.

3. 두렵거나 걱정되거나 안전하지 않다고 느낄 때, 언제든지 당신만의 안전한 장소로 돌아갈 수 있습니다. 그냥 눈을 감기만 하면 됩니다. 몇 초만에 그곳에 있을 수 있습니다.

감정 조절 전략 #2
5초 긴장, 5초 이완

준비물: 말랑말랑한 공, 종이와 연필

목적: 이 전략은 아이들이 부정적인 감정을 건강한 방식으로 해소할 수 있도록 돕는 방법입니다.

실행 방법:
1. 지금 어떤 감정을 느끼고 있나요? 화가 나나요? 답답한가요?

속상한가요? 그 감정을 소리 내어 말하거나, 종이에 적어보거나, 마음속으로 떠올려 보세요.

2. 손을 천천히 펴고, 감정을 손바닥 한가운데에 올려놓는다고 상상해 보세요. 이제 그 감정을 손으로 꼭 쥐고, 5초 동안 꽉 힘을 줘 보세요.

3. 주먹을 천천히 펴고, 손의 힘을 빼면서 감정을 공중으로 날려 보내세요. 손에서 감정이 빠져나가면서 몸이 어떻게 변하는지 느껴보세요.

4. 공중으로 손을 뻗어 다시 그 감정을 잡고 5초 동안 꽉 쥐어보세요. 그리고 그 감정을 한 번 더 공중으로 날려 보내고 몸을 편안하게 합니다.

5. 그 감정을 계속해서 쥐었다가 풀기를 반복합니다. 그러면 감정이 점점 작아지고, 몸과 마음이 더 편안해지는 걸 느낄 수 있을 거예요.

이 전략뿐만 아니라, 마음 챙김, 신체 감각 인식 등 다양한 감정 조절 방법이 있습니다. 여기에서 가장 중요한 것은 아이들이 스스로 감정을 조절하는 방법을 배우고, 다음 두 가지 문장을 완성할 수 있게 하는 것입니다.

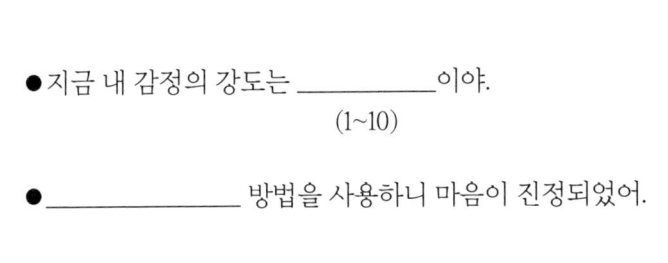

아이들이 "내 걱정 수치는 8이야. 머리를 식히기 위해 밖으로 나가 좀 걸어볼래." 또는, "내 화가 5 정도야. 진정하기 위해 사각호흡을 해볼 거야."와 같이 말할 수 있도록 해야 합니다.

위와 같은 문장을 스스로 완성할 수 있다는 것은 매우 중요합니다. 자신의 감정을 인식하고, 감정의 강도를 파악하며, 그 감정을 어떻게 조절할 것인지 스스로 결정하는 능력을 키우는 것이 감정 조절의 핵심입니다.

돌아보기

● 감정을 스스로 조절하는 법을 배울 필요가 있는 아이를 떠올려 보세요.

_____
_____
_____

● 그 아이에게 이 장에서 소개된 전략을 어떻게 가르칠 계획인가요?

_____
_____
_____

● 그 아이가 감정을 스스로 조절할 수 있게 되었을 때, 어떤 변화를 기대하나요?

_____
_____
_____

결론

제가 처음 상담사를 만난 건 20대였습니다. 상담을 공부하며 대학원에 다니고 있었지만, 막상 상담에 대해 깊이 있게 이해하지는 못했죠. 교과서를 읽고 상담 원리에 대한 글을 많이 썼지만, 실제로 누군가에게 내 감정을 털어놓은 적은 한 번도 없었습니다.

첫 상담에 들어갈 때 저는 무척 두려웠어요. 50분 동안 시계만 바라보며 빨리 끝나기를 바랐죠. 상담이 끝날 무렵에는 손에 땀이 흥건했고, 다시는 오지 않겠다고 다짐했습니다. 감정을 나누는 일이 너무나 불편했거든요. 오랫동안 혼자 불안을 이겨내려 애쓰며 잘 통제하고 있다고 생각했지만, 그건 착각이었습니다.

그러나 저는 다시 상담을 받으러 갔고, 점점 마음의 벽을 허물어가기 시작했습니다. 그러면서 제게 도움이 되지 않는 감정들과 그에 대한 제 반응들을 발견하게 되었죠.

마음을 열기 시작하자 제 자신에 대해 얼마나 무지했는지 깨달았습니다. 대학 시절 농구 선수로 활동하고, 여러 주를 옮겨 다니며 살았으며, 집을 떠나 5년을 보냈지만, 내면적으로는 마치 어린아이 같았어요. 감정을 제대로 이해하고 다루는 힘을 기르는 데는 수많은 상담과 많은 시간이 필요했습니다. 어린 시절로 돌아가 제가 외면했던 감정들을 깊이 들여다봐야 했어요. 그래야만 제가 왜 이런 상태에 이르게 되었는지 알 수 있었으니까요.

그 과정에서 계속 이런 생각이 들었습니다. '어릴 때부터 이런 기회를 가질 수 있었다면 얼마나 좋았을까?'

내 인생은 완전히 달라졌을 거예요.

이 경험이 바로 제가 아이들과 함께 하는 이유입니다. 다섯 살 아이를 만나면, 이 나이에 제가 감정을 자유롭게 표현할 수 있었다면 어땠을까 하는 생각이 듭니다.

열 살 때 다른 사람을 실망시키는 것에 대한 두려움 없이 솔직하게 이야기할 수 있었다면 어땠을까? 고등학교 때 괴롭힘에 맞설 수 있는 방법을 일찍 배웠다면 어땠을까? 감정 조절과 소통의 기술을 어릴 때부터 배울 수 있었다면, 그것이야말로 제게 가장 큰 선물이 되었을 것입니다.

최근 스무 살 청년을 상담하기 시작했는데, 그의 모습이 제 젊은 시절과 너무나 닮아 있었습니다. 오랫동안 혼자 힘으로 정신 건강을 관리하려 애쓰며 힘겨워하고 있었죠. 그의 우울감은 중학교 시절부터 시작되었고, 고등학교에 들어서면서 사회적 불안까지 더해져 더욱 힘든 시간을 보냈습니다. 하지만 그는 도움을 요청하지 않고 방에 틀어박혀 자신을 세상과 단절했어요. 대학에 가면 상황이 나아질 거라 기대했지만, 2년이 지나도록 상황은 나아지지 않았습니다. 학업 성적은 괜찮았지만, 오랫동안 짊어져온 감정의 무게가 그를 완전히 짓눌렀어요.

그는 부모님 집으로 돌아왔고, 극심한 두려움 속에서 아무것도 할 수 없는 상태가 되었습니다. 그는 말했습니다. "두려움이 없다는 게 어떤 느낌인지 모르겠어요. 너무 오랫동안 두려움 속에서 살아왔거든요."

우리는 그의 감정을 한 층 한 층 들여다보기 시작했고, 그는 어린 시절 느꼈던 두려움과 외로움, 슬픔의 순간들을 떠올렸어요. 여태까지 단 한 번도 밖으로 표현하지 않았던 감정들을 말이죠. 주변 사람들에게 부담을 주고 싶지 않아 혼자 삭여왔던 것입니다.

나이가 들면서 그는 불안을 유발할 만한 상황을 피했습니다. 친구들과의 모임에 가지 않았고, 방과 후 학교에 남지도 않았어요. 불편한 상황을 피하면 불안도 사라질 거라 생각했지만, 그 방법은 오히려 역효과를 불러왔습니다. 불안을 피할수록 점점 더 위축되고 무력해졌어요.

그는 마지막 상담이 끝나갈 무렵 이렇게 말했습니다. "내 불안을 피하느라 이렇게 오랜 시간을 허비했다니 믿기지 않아요. 그때 그냥 누군가에게 말이라도 했었다면 좋았을 텐데요. 아니, 누군가 제게 먼저 말을 걸어줬다면 얼마나 좋았을까요."

아이들을 교육하고, 상담하고, 또는 양육하는 과정에서 먼저 다가가는 사람이 되어주세요. 힘들어하는 아이들을 찾아 손을 내밀어 주세요. 아이들이 도움을 요청하지 않더라도 말이에요.
아이들이 자신의 감정을 안전하게 표현할 수 있도록, 감정을 자연스럽게 받아들일 수 있는 분위기를 만들어 주세요. 아이들에게 알려주세요. 어떤 감정을 느껴도 괜찮다고, 아니 그보다 더 중요한 것은 감정을 느끼는 것이 건강한 삶을 위해 꼭 필요하다고요. 건강한 감정 관리는 올바른 식습관과 운동만큼이나 중요합니다.

그리고 또 하나, 아이들의 감정뿐만 아니라 여러분의 감정도 소중히 여기길 바랍니다. 매일 단 5분이라도 스스로의 감정을 들여다보세요. 무엇이 나를 힘들게 하는지 살펴보고, 효과적인 대응 방법과 그렇지 않은 방법을 기록해 보세요. 여러분 자신을 소중히 여기세요.

여러분은 아이들에게 정신 건강의 롤모델이 되는 사람입니다. 과거에 어떤 일이 있었든, 그때 어떻게 반응했든 상관없습니다. 오늘은 새로운 날입니다. 우리는 이 새로운 날, 더 나은 방향으로 나아갈 수 있고, 그 과정에서 더 건강한 미래를 만들어갈 수 있습니다.

감정폭발

초판 1쇄 발행 2025년 5월 26일
글 앨리슨 에드워즈 | **옮긴이** 최은하
펴낸이 최은하 | **펴낸곳** 갈락시아스
디자인 바이플레인 | **제작처** 넥스트프린팅
출판등록 2018년 2월 22일 (제 2018-000024호)
주소 서울특별시 강서구 양천로 47길 118
전화 02-6341-2257 | **팩스** 070-7614-2257
인스타그램 @galaxiasbook
이메일 galaxiasbook@gmail.com
ISBN 979-11-983194-6-3 (13590)

*값은 뒤표지에 있습니다. 잘못 만든 책은 교환해드립니다.
*이 책은 갈락시아스가 저작권자와의 계약에 따라 출판한 것이므로
 당사의 서면 허락 없이는 어떤 형태로도 이 책의 내용을 사용하지 못합니다.